汉语词汇讲稿
汉语拼音字母学习法

周祖谟 著

中华书局

图书在版编目(CIP)数据

汉语词汇讲稿 汉语拼音字母学习法/周祖谟著. —北京:中华书局,2022.12
(周祖谟文集)
ISBN 978-7-101-15077-3

Ⅰ.汉…　Ⅱ.周…　Ⅲ.①汉语-词汇-研究②汉语拼音-研究　Ⅳ.①H13②H125.5

中国版本图书馆 CIP 数据核字(2021)第 030985 号

书　　名	汉语词汇讲稿　汉语拼音字母学习法	
著　　者	周祖谟	
丛 书 名	周祖谟文集	
责任编辑	刘岁晗	
责任印制	管　斌	
出版发行	中华书局	
	（北京市丰台区太平桥西里 38 号　100073）	
	http://www.zhbc.com.cn	
	E-mail:zhbc@ zhbc.com.cn	
印　　刷	三河市宏达印刷有限公司	
版　　次	2022 年 12 月第 1 版	
	2022 年 12 月第 1 次印刷	
规　　格	开本/710×1000 毫米　1/16	
	印张 15¼　插页 4　字数 210 千字	
印　　数	1-1500 册	
国际书号	ISBN 978-7-101-15077-3	
定　　价	78.00 元	

周燕孙（祖谟）先生

与夫人余淑宜女士

右起与严薇青、陆宗达、王涛、罗竹风、吕叔湘、吉常宏等先生

《现代汉语》教材审稿会全体代表合影 '980.7. 青岛

《周祖谟文集》出版说明

周祖谟(1914～1995),字燕孙,北京人,我国杰出的语言学家,卓越的文献学家、教育家。原北京大学中文系教授,历任普通话审音委员会委员、中国语言学会常务理事、中国音韵学研究会名誉会长、北京市语言学会副会长等职。

周祖谟先生一生致力于汉语史与古文献研究,出版学术著作十余种,发表论文二百余篇,涉及音韵、文字、训诂、词汇、方言、语法、词典编纂、版本、目录、校勘、敦煌学、文学、史学等多个领域,而尤孜孜于传统语言文字学典籍的校勘。作为20世纪人文领域的一位大家,周祖谟先生根植传统、精耕细作,对中国语言学的发展与进步产生了深远的影响。

《周祖谟文集》共分九卷,涵盖周祖谟先生论文结集、古籍整理成果及学术专著等。所收文集、专著保持周祖谟先生生前编订成书的原貌,其他散篇论文新编为《问学集续编》。收录论著均参考不同时期的版本细心校订、核查引文,古籍整理成果后附索引,以便读者使用。

《周祖谟文集》的出版工作得到了周祖谟先生家属及社会各界人士的帮助和支持,在此谨致以诚挚的谢意。

中华书局编辑部

2020 年 12 月

本卷出版说明

本卷收录周祖谟先生专著两种:《汉语词汇讲稿》和《汉语拼音字母学习法》。

《汉语词汇讲稿》原名《汉语词汇讲话》,20世纪50年代,周祖谟先生为北京大学中文系学生开设汉语词汇学课程,本书即由当时讲义整理而成。人民教育出版社1959年出版,2004年天津古籍出版社《名师讲义:周祖谟文字音韵训诂讲义》收录,系根据周先生晚年修订本排印。

《汉语拼音字母学习法》主要讲解汉语拼音字母的发音和学习、运用拼音的方法。人民教育出版社1958年出版,1994年语文出版社出版修订本。

两书都是深入浅出的入门读物。本次我们将其重新排印和编校,合并作为《周祖谟文集》(第九卷)出版。《汉语词汇讲稿》以天津古籍出版社本为底本;《汉语拼音字母学习法》以语文出版社本为底本。订正了原书由录排造成的讹误,编制了《主要术语、人名、论著索引》。原书中的用词与今通行写法或有出入,如"漂泊"作"飘泊"、"清澈"作"清彻"等,一依原文,不做改动。

中华书局编辑部
2021年1月

总　目

汉语词汇讲稿

第一讲　词和词汇

一　什么是词

　　语言是由词组成的。词是由声音和意义相结合而成的统一体。在语言中它是最小的能够独立运用的语言单位。

　　为什么要这样说呢？因为词都是有意义的，我们说一句话就是把一个个能够独立运用的词连缀在一起来表达一个完整的意思，而每个词都有它的声音，说出这个声音来，就具有说者和听者所共同了解的意义，意义与声音是相互依存的。

　　语言里的词可以分为两类，一类是"实词"，一类是"虚词"。

　　实词都是有实在意义的。有的实词表示个别的具体的事物，例如一个人或一个地方要用一个名称来代表它，像"孔子、北京"，都是实词。有的实词表示一般的事物，例如"房子、汽车"，它们在语言中不是属于任何一个单独的对象，而是属于整个一类的对象。又如"坚硬"一词是表示许多对象的共同特性，"笑"一词是表示人们所共有的一种动作。这些词所表示的都是一般的概念。无论是表示个别的具体的事物的词，还是表示一般事物的词，都有它的实在意义，所以称为"实词"。

　　虚词跟实词不同。虚词的特点在于它的抽象性，除少数由实词变来的虚词以外，一般都没有实词那样的实在意义。换句话来说，就是它并非表示事物、性质、数量、行为等等。在语言里,实词可以用来回答问题,并可以在语言中单独应用,例如问:"这是什么?"回答:"书。"至于虚词则不然,除了很少的例外,普通只能跟实词联系着使用,以表示概念与概念之间的关系——也就是实词与实词之间的关系,它的意义只有应用到句法结构上才显示出来。例如"我和他是好朋友""即使下雨也要去",这些加点的词都是虚词。这类词在语言里只是语法的工具,意义又非常抽象,所以称为"虚词"。另外在语言里还有表示感情和表示语气的一些词,例如"唉、哎呀、啊;吧、吗、呢"之类,也都是没有实在意义的,一般也归入虚词一类。

总起来说,无论是实词或虚词在语言里都表示一定的意义,而且都是作为一个个的单位来用的,所以我们说词是能够独立运用的语言单位。

我们为什么说词是语言中最小的能够独立运用的单位呢?因为词是词组或句子所组成的各个可以独立运用的成分,除词之外再没有更小的可以独立运用的东西了。

语言里的词是体现思想的。人在进行判断推理的思维的过程当中始终运用着各种概念,概念是在人的意识中反映现实的事物和现象的一般的、本质的特征以及它们的联系和关系的一种概括性的思维形式,是由感性材料经过分析、综合、抽象、概括而获得的。概念是要用词来体现的,词和概念是辩证的统一体,概念是词的内涵,词就是概念的语言的外壳。因此,人类的认识活动和思维只有在语言的材料的基础上才能进行。

语言是直接与思维联系着的。我们既然是凭借着表示概念的词去进行思维,那么,所谓运用语言来表达思想,就是运用许许多多表示不同概念的词在一定的语法规则支配之下组织起来,成为一句句有声的话。语言如果没有一个个的词简直是不可想象的。

　　词是用来表示概念的[①]，但不是跟概念平行的，并非有多少概念就有多少词，有时一个概念用一个词来表示，有时一个比较复杂的概念则用两个或多于两个的词（即词组）来表示。例如"人"是用一个词表示的概念；"伟大的人"则是用三个词表示的概念。概念和词是不可分地联系着的，但两者并非就是一个东西。概念属于思维范畴，词属于语言范畴，这一点必须分别清楚。像"中华人民共和国"是专名，在逻辑上是一个"单独概念"，但不能说就是一个词，它是用"中华、人民、共和国"三个词构成的固定词组。知道这一点，对于了解什么是词是有帮助的。

　　根据以上所说，我们来看"书、报、大、小、走、看、革命、解放、人民、事业、伟大、普通、因为、但是、除非、刚才、已经、共产党、世界观、图书馆、文化宫、工业化、社会主义、共产主义、清清楚楚"等等都是一个个的词，因为这些词在语言中都是最小的能够独立运用的单位。

　　这些词，有的用一个汉字来代表，有的用几个汉字来代表。汉字是记录语音的，一个汉字代表一个音节，因此词里的字数有多有少。如"书、报、大、小"等词只有一个音节，称为"单音词"；如"革命、共产党、共产主义"等词有两个或两个以上的音节，统称为"多音词"。两个音节的词，称为"双音词"，也称为"复音词"。在现代汉语里，双音词占最多数。

　　我们要掌握汉语，必须把词和字区别开。文字是记录语音的，一个字不一定就是一个词。有的汉字代表的是一个词，有的汉字在现代汉语里只是词的组成部分，并不是一个词。例如"事业"的"事"单用是一个词，我们可以说"一件事"；"事业"的"业"在古汉语里是一个词，例如"以农为业""业精于勤，荒于嬉"，可是在现代汉语里"业"只组织在"事业、

---

① 虚词只表示概念之间的关系。

业务、工业、企业、专业、学业、毕业、职业、失业、业余"等词内,而单用的时候绝少。又如"坦白"是一个词,"白"单用的时候是一个词,"坦"绝不单用,它就不是一个词。由此可以理解:汉字可以单独使用的,才是词;凡是不能单独使用的,就不是词。这就是汉字和汉语中的词的关系。我们必须认清字和词的分别,从语音上、意义上去了解怎样是词,怎样不是词,建立词的观念,这样才能正确地了解我们的语言。

二　词的构造

汉语不但词汇丰富,而且构词的方法也富于多样性。我们要正确地了解词的意义和词的用法,对于词的结构就不能不有明确的认识。

前面我们已经指出汉语的词有单音词和多音词的分别,单音和多音是就音节的多少来讲的,如果从构词法上来看词的结构,则有"单纯词"和"合成词"的分别。

什么是单纯词呢? 单纯词是不能再加分割的词,它本身只包括一个词素,不能再拆成更小的单位,例如"车、马、大、小、走、用"等都是。

单纯词大部分都是单音词。这种单音词大半都是从很古传下来的词。例如"天、日、月、云、电、风、雨、山、水、火、人、手、男、女"等都见于商代的甲骨文。这种词一般都是语言中最基本的词,而且也是语言中产生新词的基础。例如"天"可以构成"春天、秋天、今天、明天、天气、天下"之类。

单纯词当中还有一些是双音词。例如"玻璃、葡萄、枇杷、萝卜、蜻蜓、蝴蝶、鹦鹉、徘徊、翱翔、罗唆、嘟哝、哆嗦、朦胧、伶仃、糊涂、恍惚、蜿蜒、龌龊、囫囵"之类都是双音词,这些词都是一个整体,本身只是一个词素,既不能拆开来说,也不能从汉字上去分开来讲,所以都是单纯词。

合成词是由两个或两个以上的词素构成的。合成词的构造有两种基本类型：

（一）由同样重要的基本成分构成的。例如：

简单 困苦 美丽 丰富 保卫 发展 优秀

研究 反映 赞成 参观 融化 志愿 指示

性质 亲自 永远 英雄 健康 基础

这些词都是用两个有独立意义的成分组成的。这种组成的成分对于整个词义来说都是必要的，不可缺少的。但是每一成分在现代汉语里不一定都能单独作为一个词来用。例如"辅助"和"参观"两个词，其中两个组成成分除了在特殊的上下文里或成语里单独应用以外，一般是不单用的。又如"赞成"和"大概"两个词，"成"和"大"可以单独应用，可是"赞"和"概"一般就不能。像"英雄"这个词的"英"在古代汉语里可以作为一个单词来用，在现代汉语里则只是组成"英雄、英勇"一些词的一部分，已经不是一个独立使用的词了。

这种类型的合成词的组成成分有的还可以再加分析。例如"共产党"是"共产"和"党"构成的，"共产"又是用"共"和"产"两个词素构成的。"共产党"一词就包括了三个词素。像这类的词很多，如"图书馆、向日葵、电影院、文化宫"等都是。

这种类型的合成词从组成成分之间的关系来看，又可以分为以下几类。

1.联合式 把两个意义相同、相近或相反的词素组合在一起。例如：

土地 城市 生产 改变 批改 教学

呼吸 早晚 长短 多少 反正 动静

2.偏正式 前面的词素修饰或限制后面的词素，后面的词素是主体。例如：

火车　铁矿　雪白　难受　重视　前进　优点

3. 支配式　前一个词素表示一种动作或行为,后一个词素表示受这个动作或行为的影响或支配的事物。例如:

动员　带头　开幕　握手

滑冰　满意　革命　司令

4. 补充式　前面一个词素表示一种动作,后面一个词素表示那个动作的结果或趋向。例如:

说明　指定　改善　减少　打倒　提高　送走

5. 表述式　后一个词素说明前一个词素。例如:

夏至　地震　心疼　眼红

嘴硬　肉麻　性急　年轻

6. 重叠式　用词素重叠的方法构成一个词。例如:

人人　年年　稍稍　渐渐　慢慢　刚刚

以上所说(1)(2)两类是最主要的构词方式。合成词中有的是三个音节。三个音节的合成词一般都是偏正式。例如"图书馆","图书"是一个单位,"馆"是一个单位,"图书"限制"馆",所以是偏正式。

(二)由基本成分和辅助成分构成的。基本成分表示词的主要意义,是一个词的主体,称为"词干"。辅助成分只表示附加的意义,或称"附加成分"。辅助成分有的加在词干的前面,有的加在词干的后面。加在前面的,称为"前加成分";加在后面的,称为"后加成分"。例如:

1. 词干前面带有前加成分的:

第一　第二

初一　初二

老鼠　老虎　老三

被加数

非马列主义

2. 词干后面带有后加成分的:

桌子　椅子　鼻子　胡子　刷子

花儿　鸟儿　门儿　亮儿　画儿

木头　石头　骨头　里头　外头

尾巴　干巴　眨巴

这么　那么　多么

果然　忽然　竟然　偶然　公然　断然

几乎　确乎　于是乎

老人家　女人家

学者　工作者

工业化　科学化

阶级性　人民性　重要性

3. 词干带有前加成分和后加成分的:

被剥削者　被压迫者

关于辅助成分,有两点要说明:第一,辅助成分可以给词干加添一些新的含义,如"第一"的"第"加在"一"的前头表示序数,"工作者"的"者"加在"工作"的后头表示"工作的人",但有些辅助成分没有词汇意义,只有语法意义。例如"桌子、刷子"的"子",加在词干的后面只是标识它是一个名词而已。其次,辅助成分有的作为一个单词来用的时候是有独立意义的,例如"头、老"之类,但是在上列这种词的结构中没有实在的意义。假如说"船头",说"衰老","头、老"都有实在的意义,那就是前一类型的合成词了。

以上所说的辅助成分中的后加成分都属于造词成分,至于"我们、你们、走着、来了、看见过"的"词尾"——"们、着、了、过"之类,都是词形变化的附加成分(可以称为"造形成分"),跟现在所说的造词成分不同。那是语法书里所要讲的,在这里就不谈了。

三　汉语的词汇和基本词汇

"词汇"和"词"的含义不同。"词"是指语言里一个个的词来说的,例如"人民、阶级、历史、哲学"都是一个个的词;"词汇"是指语言中所有的词来说的,语言中所有的词构成为语言的词汇。

语言的词汇是长期积累起来的。汉语的历史非常悠久,在历史发展的过程中,随着社会生产的发展和文化、科学的发展以及社会制度的变革,词汇不断地增加和改变。现在常用的词总有好几万。

从历史来源看,现代汉语词汇中有些词非常古老,在上古时代已经存在。有些词是在不同的历史时期中创造出来的。现在日常生活方面的普通词在汉代以前早就具备了。汉魏以后,随着经济、文化的发展,新词不断增加。到 19 世纪末,新的科学、文化方面的词大量产生,汉语的词汇也就日益增多。在伟大的人民革命胜利以后,社会的面貌有了根本的改变,随着社会主义建设事业的蓬勃发展,出现了许许多多的新的事物。语言中因而又增添了许多新词。另一方面,有些在现实生活中已经失去作用的陈腐的词都被淘汰掉了,有些词在旧义之外又增加了新的意义。因此汉语的词汇越来越丰富[1]。

现代汉语文学语言中的词汇包罗极广[2],其中有的是"常用词",有的是"非常用词"。凡是日常用来表达人们的思想的词,一般人都能掌握的词,我们就称为"常用词"。专门的词和由古代沿用下来的文言词

---

① 关于现代汉语词汇的形成和发展,下面还要细谈。
② 文学语言就是民族语言的加工的形式,不是专指文学作品的语言。

以及具有特殊修辞色彩的词，未必是一般人常常应用的，尤其是一些带有历史性的名词，一般的谈话和写作中很少应用，所以我们称为"非常用词"。常用词与非常用词的界限尽管不易划分，可是分别常用词和非常用词在语文教学上还是有意义的。那就是说，教师在进行教学当中应当多多注意使学生掌握常用词的含义和用法，非常用词就居于次要的地位。

词汇和语法构造一样，也是成体系的。词汇的体系主要表现在词汇中的基本词汇和一般词汇在构词和语义之间的联系。词汇当中的基本部分是基本词汇。基本词汇是词汇的根基，它跟语言中所有的词都有一定的关系。基本词汇的特征是：

1. 它只是词汇中的一部分，数量是少的，但是它跟语法构造同是构成语言的基础，因此它必然是全民性的；

2. 它在千百年的长时期中生存着，具有很大的稳固性；

3. 它是语言中构成新词的基础。

基本词汇为什么具有很大的稳固性呢？因为基本词汇包含着词汇中最古老的、最必需的一部分词，这些词所表示的都是极其重要的概念，对于生活在任何社会发展阶段的人都是必需的。例如表示自然界的现象、人体的各部分、亲属的关系、事物的一般性状、最普通的行为动作、生活中衣食住行必用的东西和最重要的劳动工具等各方面的词以及代词、数词等等大半都是基本词。不管任何人，生在任何时代，没有它就不行。所以基本词汇具有很大的稳固性。

基本词汇不仅仅是语言词汇中最稳定的部分，尤其重要的是作为语言中构成新词的基础。新词是在已有的基本词汇的基础上构成的。例如"人"见于商代甲骨文，是很古老的一个词，在语言发展的不同的时期中产生很多合成词，如"人民、人类、人力、人口、人家、人情、人事、人权、人才、人物、人工、人为、男人、女人"等等,无疑问,"人"这一个词是属于基本词汇之内的。又如"说"也是一个很古老的词,用"说"所构成的词,有"说明、解说、传说、听说、学说、小说"等词,"说"也是属于基本词汇之内的一个词。

基本词汇既然是语言中构成新词的基础,在语言发展的不同时期内,就形成了许许多多用基本词汇中的词来构成的"词族"。从这里我们就可以认识到语言的词汇是有一定的系统的,虽然复杂,但并非是一堆庞杂而无体系的东西。词汇的系统性就表现在基本词汇与词汇间的内在联系上,不但构词方面有其体系,就是词义方面也有一定的关联。

例如"胜"是一个基本词汇中的词,它可以构成"胜利、战胜"一类词,又可以构成"名胜、形胜"一类词,这两类词的意义是有关联的。又如"接"是一个基本词汇中的词,它可以构成"接受、接收、接替"一类词,又可以构成"接连、接续、连接、接触、接洽"一类词,这两类词的意义也是有关联的。从这里我们可以体会到:了解语言中的词汇和基本词汇的关系是非常必要的。我们要把词汇整理出一个系统来,也必须从研究基本词汇入手。

基本词汇由于长期活在语言里面,它的意义就往往不止一个。如果基本词汇中的一个词包含几个意义的时候,从它所产生出来的词,在意义上也可以分析出几个不同的系统。比如我们说"这个教室容不下三百人","容"是一个意思;我们说"他不容人说话","容"又是一个意思。这两个意思是有关系的。从"容"所产生出来的词也就分成两方面:像"包容、容纳、容量、内容"等词都与前一个意思有关,像"容许、宽容、容忍"等词则与后一个意思有关。这是很清楚的两套词。从这里我们不但可以了解词汇发展的规律(包括由单音词向多音词发展的事实),而且可以找到从词义的分析上来整理我们的词汇中的"词族"的方法。假如我们能从这一点出发去研究基本词汇,对于词义的了解和对于词汇系统的了解就会更加明确了①。

关于汉语基本词汇问题很复杂,我们还缺乏深入的研究。在这里只能初步提出下面几点看法。

研究汉语的基本词汇,首先要确定词汇中哪些词是基本词。但是确定基本词汇的标准是什么呢? 上文已经说过,基本词汇有三个特征,即全民性、稳固性和作为构成新词的基础。这三个特征应当就是规定基本词汇的标准。

但是这三个特征是就基本词汇的一般性质来说的,并不能说基本词汇中的每一个词都具备这样三个条件。像汉语当中有很多词都是常用的,它们在千百年的长时期中生存着,而又有比较强的构词能力,无疑都是基本词。如:

天　风　电　雨　山　水　土　地　田　河　沟　年　夜　人
父　母　手　头　心　老　少　牛　马　树　草　米　豆　油
酒　肉　车　刀　丝　线　铅　铁　门　桥　打　脱　取　举
转　摇　动　起　立　有　包　解　开　关　剪　割　压　盖
走　逃　进　退　分　收　记　算　说　讲　谢　叫　想　听
爱　看　管　教　生　产　死　病　先　前　后　早　晚　大
小　厚　薄　软　硬　平　直　冷　热　浓　密　好　巧　左
右　事　力　声　音　气　点　一　二　千　百

当然基本词汇中不限定都是单音词,合成词也同样可以是基本词。例如"人民、革命、生产、太阳、天文"之类都是全民性的,而且生命长久,

---

① 根据这样的事实,我们就不能忽略《新华字典》中排列复音词的方法。在这部字典里把同从一个单字产生的复音词都根据这一个词中的单字意义分别归属在单字各条注释之下,对于我们理解复音词的词义就有很大的帮助。这就是整理汉语词汇的一个很好的开端。

有构词的能力,这些词也应当属于基本词汇之列。

可是在语言中还有一些生命长久而且是全民性的词,如"我、他、几、敢、最、太"等等,构词能力却很弱,这些词我们也必须承认它们是属于基本词汇的,因为已经具有全民性和稳固性两个重要的条件了。我们不能把确定基本词汇的标准当作签条看待,如果有一个具体场合不适用,就说这样的标准不行,那是不妥当的。

其次,我们在确定基本词汇的时候也不能不注意到基本词汇也是有发展的。基本词汇是词汇不断丰富的源泉,是语言中构成新词的基础,而词汇转过来又是充实基本词汇的无尽基地。在语言中有些词出现的时间不太长,但是它是全民所用的词,并且已发展为构成新词的基础,那么就不能因为它出现的时间不太长而不算为基本词。也许有人会问这样是不是与基本词汇生命长久、具有稳固性的特征有矛盾呢?应当说这里并不冲突。因为一切事物不是永久不变的,在语言发展中,基本词汇必然也随着语言的发展而有新生的东西。如果不细心考察一般词汇与基本词汇之间的关系,单单拿上面所说的生命长久、具有稳固性这一点来作为取舍的标准,那也是不对的。

以上所说是关于规定基本词汇的标准问题。另外还有一个问题需要附带谈一下。汉语中有些古老的单音词在现代语里已不能作为独立的单词使用,但是它仍有构词的能力,几乎跟一般根词一样,这些是否也要算为基本词呢?应当明确地说它不能算为基本词。例如"荣、腐、甘、誉"之类,只能当作构词的"词素"看待。但是有些古老的词在大众口里仍然有作为单词使用的情况,那就不能不注意了。例如"力"是有构词能力的,"力量、力气、电力、水力、生产力、战斗力"等,都是用"力"构成的,我们单说"力"的时候,一般都说"力量、力气",但是在说"加一把力、有力、无力、用一点力"的时候都是作为单词用的,那么,就应当确定

"力"是一个基本词。

四　研究词汇的实际意义

关于词汇是什么和基本词汇与一般词汇之间的关系已经谈过了，现在来谈一谈为什么我们要研究词汇。

词汇是语言中的建筑材料，不掌握词汇，要想在表达思想上能达到清楚正确而且生动有力的地步是不容易的。语言是体现思想的，思想的真实性通过语言表现出来。思想内容的正确性是最要紧的，但是我们不能把思想内容和表达形式分开孤立地来看，假如我们不能用适当的言语表达思想而损害了思想的真实性，那就是说没有掌握语言。

写任何文章都要善于选词。掌握词汇很重要。要掌握词汇首先要向人民群众学习语言。要学得好，我们还应当对汉语词汇有全面的认识和理解，并且具备词汇学和语义学各方面的基本知识，这样才能逐步通过实践达到掌握语言的目的。以上是就运用语言来说的。

其次我们必须注意到词汇研究对于解决目前语文教学和语言方面的一些实际问题的重要性。当前我们如何进行词汇教学就是一个大问题。汉语的词汇是无比丰富的，我们从哪儿去掌握它呢？在学生的写作当中用词不当的毛病很多，我们怎样去解决呢？怎样从积极方面帮助学生通过阅读去辨别词义，去理解和掌握用词的一些原则呢？都需要进行研究，而且需要有理论的知识作指导。

又如汉语规范化是当前很重要的一个问题，这个问题与文字改革和发展文学语言等都有密切的关系。语言是在不断地发展着的，在不断地发展当中，语音、词汇、语法各方面有时候会发生某些一时还不能确定的现象和分歧的格式，在词汇方面也会有生造词语、用词不当、随意缩减、乱写错别字等等现象。我们很需要有一定的规范。要进行语言规范化的工作,首先要重视词典的编纂。我们要提高语文水平,一部好的规范化的词典是非常需要的。要编一部好的规范化的词典,没有丰富的词汇学和语义学的知识是不行的。所以对于汉语的词汇就必须进行深入的研究。

词汇的研究跟语法的研究一样重要,因为语言是一种体系,语法构造有其系统性,词汇也是如此,而且两者之间是有内在的联系的。我们不去研究语言的词汇,对于词汇发展的内部规律、构成新词的方法、同义词和同音词在语言中的具体情况、现代汉语词汇与古代文学语言词汇的关系、现代汉语中的借词以及词汇的变化和词义的发展等等没有深刻的了解,那就不可能深刻地了解语言,掌握语言。

为了善于运用语言,为了解决语文教学的问题和语言规范化上的实际问题,研究现代汉语的词汇就有极重大的意义。研究汉语词汇,范围本来很广,古代汉语的词汇和现代方言的词汇也需要研究。现在所谈专以现代汉语文学语言的词汇为主,因为这是我们研究汉语词汇的当前最迫切的任务。

第二讲　词义

一　词的意义

　　语言里每一个词都有一定的意义。所谓词的意义，就是人们在社会生活实践的过程中确定下来的含义，也就是说的人和听的人联系着现实中某种事物现象或关系所共同了解的词的内容。词是声音和意义统一起来的。我们听到一个人说"niǎo"（鸟），我们知道他指的是有翅膀、有羽毛、能飞的一种动物，我们看到一只鸟，也就用"niǎo"这个音表示这个对象。足见语音和意义是密切联系着的。

　　人能够把听到的某一个词的声音联系到这个声音所表示的对象上去，又能够把一定的声音联系到所看见的或所想到的那个对象上去，就是由于听的人和说的人都了解这个词的含义。如果不了解词义，也就不能交流思想，不能互相了解。理解词义是传授和扩大我们的知识和经验的必要条件，也就是体现语言作为交际工具的基本职能的必要条件。

　　语言是社会的产物，一个词的意义不是由个别的人任意规定的，而是由应用这种语言的集体在实际使用的过程中固定下来的。这就是古人所说"约定俗成"的意思①。因此，每一个词都有一般相承应用的确定

---

① 《荀子·正名篇》说："名无固宜，约之以命，约定俗成谓之宜，异于约，谓之不宜。"

意义,同时也有一定的应用范围。即使是意义很相近的词,它的意义和用法也不是完全相同的。例如:

控制　管制　　考察　观察　　考虑　思考

严格　严厉　　柔软　柔弱　　证明　证实

这些词里每一对词虽然意义相近,却有一定的差别。因为每个词的意义都是受词所标志的客观对象的实际所决定的,词所标志的现实的事物和现象不同,词义也就不同。词义的确定,对于人与人交流思想达到互相了解有极大的作用。所以我们研究词义必须理解一个词在使用上的一般意义和它的应用范围。

另外我们还要注意伴随词义而生的修辞色彩。我们知道语言不仅表达思想,而且也表达感情和意志。人在表达自己的思想的时候,同时也就在表达自己的感情。词与词的意义尽管非常接近,可是感情色彩可能不同。例如"希望"和"渴望","名誉"和"荣誉",意义是相近的,可是"渴望"和"荣誉"都带有感情色彩,这就有所不同。文学作家和政论家的语言所以能够有鲜明的表现力,使读者和听众受到感动,与他们善于用词很有关系。他们用词,不但要求词义确切,而且还考虑到词的修辞色彩,所以特别富于感染力。

语言里的词可能是单义的,也可能是多义的。单一意义的词叫做"单义词",多义的词叫做"多义词"。科学上的术语,意义必须精确、固定,所以一般都是单义词。例如"元素、分解、热能、原子价、还原剂"(化学),"乐音、噪音、振幅、质子、中子、绝缘体、电场、电势"(物理),"临床、理疗、血压"(医学),"圆周、直角、正弦、直弦"(数学)之类意义都是确定的,都是单义词。另外,人名、地名以及草木、鸟兽、器物的名称也是单义词,如"杜甫、李白、北京、天津、牡丹、骆驼、孔雀、电灯、玻璃"。至于多义词则大部分都是一般常用词。这种常用词有一种特性,它在本来的意义以外往往还有引申的意义。比如"果"本来是指植物开花以后所结的果实而言,我们说"开花结果"就是这个意思;但是"果"也可以指事情的结果而言,例如"前因后果",这就是引申的意思。其次,常用词在应用上还常常有比喻的用法。例如我们说"思想包袱很重",或者说"不要乱扣帽子","包袱"和"帽子"是事物的名称,都有它本来的意义,在这里是一种比喻的用法,跟本来的意义不同。常用词既然往往有引申的意义,又往往有比喻的意义,所以大部分是多义的。

除此以外我们还应该知道,词义并非是一成不变的。由于社会不断地向前发展,人对客观事物的认识也不断地发展,词义就会有变化。有些词在原有的意义之外获得了新的意义和新的用法,有些词的意义缩小了或扩大了,这都是很普遍的现象。例如"突击"是战斗用语,是"突然袭击"的意思。现在它的应用范围扩大了,凡是为了特殊的任务,在很短的时间里加紧努力完成那个任务,都叫"突击"。这就是词义的扩大。

以上所说都是一些关于词义性质的话。我们要了解一个词的意义并且能够掌握它的用法,首先要从词的实际应用的例句中去了解词的意义和使用的范围,要注意一个词所指的对象是什么,这个词实在的意义是什么,它常跟哪些词连在一起用,一般在什么场合应用。其次要能取意义相近的词放在一起比较,来了解一个词跟另外一个词的区别。这样才能了解得透彻。词典对于我们了解词义很有帮助,但是单凭词典的注解是不够的。

二　语音和语义的关系

词是声音和意义的结合,我们要研究词义,就不能不注意声音和意义的关系。

　　词是长期固定下来的事物和现象的名称,我们说"shù"是"树",说"shān"是"山","shù"和"shān"只是两个声音,声音和词所表示的事物之间,并没有必然的联系,并非某一个声音一定表示某一种对象。声音和事物的结合假如有什么必然的联系,世界上所有的语言中表示同一事物的词的声音就应该是相同的了。既然世界上各种语言表示同一事物的词的声音各有不同,可见语言的声音和所表示的事物之间是没有必然的联系的。

　　可是我们应当注意:当一个意义在某种语言中确定用某一个音来表示以后,这个音在这一语言系统中就与这个意义发生关系。因此特征相类似的事物在命名时声音可能相同或相近。例如:树的细梢,称为"树杪",字写作"杪",谷穗儿上面的细芒,古人叫做"秒",而字写作"秒","杪"和"秒"声音相同,都有细小微末的意思。现在我们称一分钟的六十分之一叫"一秒",都表示时间很短,也是从微小的意思来的。还有"藐视"的"藐"(miǎo)、"渺小"的"渺"(miǎo),也都是小的意思①。

　　又如谷子的空皮称为"糠",萝卜中间空了也叫"康"(一作"糠"),东西不坚实也叫"康"。kuāng 跟 kāng 声音相近,"土筐"叫"筐","墓圹"叫"圹",都因为中间是空的。其他如"空旷、旷野"的"旷"也是空的意思。这些都表明事物的特征相似,命名往往相同。因此语音和语义之间就有了联系。

　　另外一方面,从词的本身来看,词中有叠音、加音、变音等,与词的意义和感情色彩也有联系。下面分别来谈:

　　(一)叠音

　　词的内部声音有重叠,所表示的意义有种种不同:

---

① "藐"和"渺"都是造词的词素,不是一个单词。

1. 名词或量词重叠表示“每”的意思。如“人人、家家、天天、件件、个个”之类。

2. 形容词重叠,有比原词意思加重、表示“很”的意思的,如“红红儿的、软软儿的、热热儿的、清清楚楚、含含糊糊、痛痛快快”之类;有表示“不一样”的意思的,如“高高低低、长长短短”之类。

3. 动词重叠,有表示“做一做”的意思的,如“说说、看看、商量商量”之类;有表示“又……又……”相连不断的意思的,如“摇摇摆摆、来来去去”之类。

（二）加音

有些形容词重叠一部分而中间又加一个“里”（li）。例如“马虎”说为“马里马虎”、“糊涂”说为“糊里糊涂”、“古怪”说为“古里古怪”、“慌张”说为“慌里慌张”,都带有鄙视或嫌恶的感情色彩。

（三）变音

变音主要是韵母儿化[①]。韵母儿化表示小的意思和亲爱的意思,例如“小猴儿、小孩儿”。很多名词的韵母都可以儿化,因而形容词或动词的韵母儿化以后就变为名词,例如“亮儿、好儿、空儿(工夫)、盖儿、画儿、伴儿”之类都是。儿化还可以区别意义,例如“信”（邮件）、“信儿”（消息）不同,“个”（一个）、“个儿”（身材）不同,“门”（房门）、“门儿”（窍门儿）不同。

由此可以看出语音和语义是互相关联的,要了解词义不能不注意词的声音。

---

① 一般的语音上的变化,如同化、异化、连续变调之类不是这里所要谈的。

三　词的多义性

词可以是单义的,也可以是多义的,这在前面已经说过了。一词多义是一个复杂的问题,我们要了解词义,对于一词多义的性质和一个词的几个不同意义之间的关系必须有明确的认识。这一节专谈一词多义的问题。

一词多义跟"同音词"不同,这一点必须了解清楚。"同音词"也称为"同音异义词",那是发音相同而意义完全不同的词。例如"花钱"的"花"跟"一朵花"的"花"、"开会"的"会"跟"会唱歌"的"会",虽然写成同样的一个字,念同样的一个声音,可是意义全不相关,这就是"同音词"[①]。至于一词多义就不然了。一词多义是一个词有几个不同的意义,这几个不同的意义又互相有联系。这种词我们称为"多义词"。

我们可以举"发"这样一个词作例。"发"主要有下列一些意义:

　　1. 出、送出,跟"收"相反　　　　发信　发工资

　　2. 生出　　　　　　　　　　　　发芽

　　3. 产生　　　　　　　　　　　　发电

　　4. 说出　　　　　　　　　　　　发言　发音

　　5. 放射　　　　　　　　　　　　发光　发炮

　　6. 显现　　　　　　　　　　　　脸上发黄

我们可以很明显地看出来这些意义都是相关的。其中第一个意义是基本的意义,其他的意义都是从这个意义发展出来的。

词的基本意义是词在语言中长期使用所固定下来的最常见、最主

---

① 如"必须"跟"必需"、"数目"跟"树木"也是同音词,后面还要详细谈。

要的意义。从基本意义发展出来的意义可以称为"转义"。相对地来说，基本意义就是本来的意义了。这个本来的意义不一定就是一个词的最初的意义。例如"事"最初的意义是"职务"，不是"事情"；"兵"最初的意义是"兵器"，不是"兵士"。

转义包括引申的意义和比喻的意义。

引申的意义一般称为"引申义"。引申义是由原义发展出来的另外的意义。比如"薄"是"厚薄"的"薄"，这是一般应用的意义，但是我们可以说"薄酒、薄田"。"薄酒"是不浓的酒，"薄田"是不肥的田，不浓、不肥就是引申义。又如"短"是"长短"的"短"，但是我们可以说"短了一个人"，"短"表示"少"的意义，这也是引申义。又如"深、浅"是表示量的概念的词，从表面到底下或从外面到里面距离远的叫"深"，距离近的叫"浅"。但是"深、浅"还有其他的意义。我们说"意思很深""道理很浅"，"深"是精微不易懂的意思，"浅"是明白易晓的意思。如果说"关系很深""功夫很浅"，"深、浅"指的是程度的高低，跟以上所说又不同。另外，"深、浅"还可以指时间的久暂。例如"日子很少"可以说"日子很浅"、"年月很久"可以说"年深日久"。这些都是引申义。这种引申义的产生跟意义内容的相类似相接近有关系。

引申义并不限于这一种。比如"尽"是"完"的意思，"没有用尽"意思是"没有用完"。"完"是穷尽了，不再有了，因此引申而有"达到极点"的意思。我们说"尽善尽美"，就用的是这个引申的意思。这种引申义是由原来的意义引发出来的，又是一种。

另外，有的引申义是用原来具体的意义转到指其他现象类似的事物上去。像上面说过的"果"是"果实"的意思，而事情的结局或成效我们也用"果"来说，就是一个例子。又如"轨"是"车轨"的"轨"，车的轨辙有一定的宽度，车走起来也是要按照一定的轨辙来走的，因此把应该遵循的规则也叫做"轨"。我们说"步入正轨、纳入正轨","轨"用的正是这一个引申义。

引申义是相当复杂的问题,在这里只能谈一些主要的情况。

至于比喻的意义,在第一节里曾经提到"思想包袱、乱扣帽子"是一种比喻的用法。比喻的意义一般称为"比喻义"。比喻义是由于比喻而产生的意义。像下面例子里加点的词都用的是比喻的意义:

1. 睡得很香　　　"香"比喻舒服

2. 手段很辣　　　"辣"比喻狠毒

3. 铁的纪律　　　"铁"比喻不可变动

4. 地下工作　　　"地下"原义是"地面下",这里比喻秘密隐藏在敌人势力范围里

5. 事情搁浅了　　　"搁浅"是指船停滞在泥沙里不能前进,这里比喻停顿

6. 敌人全军覆没　　　船翻了沉没下去叫"覆没",这里比喻完全溃败

7. 事先酝酿一下　　　"酝酿"本指"酿酒",这里指事先准备或商量,使条件具备或意见成熟

8. 大发雷霆　　　"雷霆"比喻大怒

9. 机械的工作　　　"机械"本指机器而言,这里比喻按照固定的方式工作而不灵活,或者没有变化

10. 骨干分子　　　"骨干"比喻中坚有力的

11. 不能使青年受资产阶级思想的腐蚀　　　"腐蚀"本指物体受酸类或碱类的侵蚀逐渐销损毁坏,这里比喻受到毒害而腐化堕落

12. 美帝国主义发动侵朝战争,企图侵占朝鲜作为侵略中国的跳板。　　　"跳板"是由船上到岸上的长板,这里比喻作为侵略中国的

通路

这一些都是比喻的意义。这种比喻的意义跟一般修辞上的比喻有区别,因为这些意义已经成为词义中的固定的东西,我们在应用时已经不大感觉它是一种比喻了。可是像"暴风雨在怒吼""莫斯科是苏联的心脏",那就只是修辞上的比喻。因为"怒吼"和"心脏"并没有转变出来的新义。

引申义和比喻义都是转义①。一个词既然可以有本来的意义,又可以有转义,而转义又有各种不同的转义,因此一个词可以有好几个意义,而且这几个意义都是有关联的。如果没有关联或原来有关联,而由于历史久远,无从理解,那就应当作同音词来看待了。

一词多义是常见的现象,但在这里必须指出:词的多义性绝不是无限的。一词多义固然使得语言丰富而多彩,可是它也有时可能使词义发生不确定的现象,因此人们在运用语言的实践中对于一词多义也加以适当的调节,不使之过滥。假如一个单音词有许多不同的意义,为了避免含混,在语言发展的历史过程中就产生了一些双音词,借以区别不同的意义。例如:

罢:罢免	作罢	道:道路	道义
递:传递	递次	简:简单	简慢
独:孤独	独自	备:准备	防备
断:断绝	断定	部:部分	部门

汉语在发展过程中双音词日渐增多,不仅仅是为了避免同音词,而且含有这样一种意义在里面。

关于现代汉语一词多义的性质我们已经谈得很多了,我们要掌握

---

① 引申义和比喻义前人研究训诂的统称为"引申义"。

多义词的意义,应当怎样办呢? 我们遇到多义词除了从词义的原义和转义上去理解不同意义的性质以外,我们还需要从使用的范围上去理解它的意义。比如说,作为专门用语跟作为一般用语的意义有什么不同? 应用在不同的场合,意义又有哪些区别? 这些都是重要的。要做到这几方面就必须注重阅读,从词在一定的上下文中去体会它的意义。

词在语言中不是孤立存在的东西,一句话单独用一个词的时候很少,词在活的语言中总是跟其他的词联系在一起来用的,而多义词的某一个意义常靠它和别的词的联系显示出来。我们如果不从句子的环境里去看词义,而孤立的单从字面上去了解,很容易发生误解。

例如"地方"这个词,普通的意义是指"地点"或"位置"而言。如果说"他的意见有些地方说得不正确","地方"指的是"部分";如果说"地方性的问题可以由地方自己处理","地方"指各省、市、自治区、县、区而言,是对"中央"来说的。这些都不是"地点、位置"的意思。有了上下文,就可以肯定它是某一个意义。因为在一句话里,只能使用一个意义,不能同时使用两个意义。又如"问题"是一个多义词,原来是指有疑问的事情,现在,"问题"就不一定用作"问"的意思。比如说"我有两个问题要问你",这里是指疑问,是"问题"的直接用法。比如说"你学俄文有没有问题",等于说"有没有困难";如果说"工作中存在许多问题"等于说"存在许多缺点";假如说"时间有问题"那就等于说"时间不合适"了①。

最后,我们还需要注意到有些词的某一个意义的用法可以限制于一定的语法形式之内。例如"而"跟"及"都可以用作"到"的意思。这样的一个意义,只见于"由……而……""由……及……"的固定的语法形式内,如"由下而上、由小而大、由表及里、由此及彼"等。只有在这样

---

① 参看吕叔湘、朱德熙《语法修辞讲话》第二讲第五段,中国青年出版社,66 页。

的形式中"而"和"及"才是"到"的意思。由此也可以说明从上下文来辨别词义的必要性。

总起来说，为了理解具有多种意义的词的具体的使用的意义，为了分别作者和说者对于一个词是怎样使用的，为了确定一些虚词的实际应用的意义，都脱离不了上下文。只有注意词与词的联系，注意各种语法形式，才能更好地了解多义词的意义。

四　词义的演变

词在语言里应用久了，意义往往会发生变化。因为语言是随着社会的发展而发展的，社会生活不断地有改变，人对客观的事物和现象的认识也不断地有发展，旧的概念形成为新的概念的时候，词义也就有了变化。

例如，"中国"这个词是很早就有的。在春秋战国时代是对"四方"来说的。当时"诸夏"居于黄河流域的南北，"四方"是别的民族，所以用"中国"和"四方"对言。"中国"是"诸夏"就自己所居的地方来说的，并不是国名。现在"中国"已成为一个统一的多民族的国家的名称，跟古人应用这一个词的意义完全不同了。

又如"革命"也是一个很早就有的词。古人称王者易姓叫"革命"，如《易经》说："汤武革命。""革"是改革，"命"是天命（古人认为王者是受天命而立的），"革命"就是更改天命的意思。现在"革命"一词的含义跟古人应用的意义也完全不同了。

词义有发展，有改变，是语言发展的必然规律。在语言长期发展的过程中，很多词在原义之外产生了新的意义，有些词因为有了新义，新义逐渐成为主要的意义，旧义就慢慢消失了。

　　我们研究词义的演变就是要了解词义在历史发展过程中新义和旧义之间的关系，一方面要根据历史的文献来看词义是怎样变化的，词义变化有哪些类型；一方面要着重考查现代汉语里词义有哪些发展和改变，使我们在用词方面有更深刻的了解。

　　词义的演变是有一般的规律的，但是我们必须注意汉语史上的一些具体事实，从历史的发展上来说明这些事实。这样对于我们了解语言和运用语言才能有帮助。

　　我们知道一个词在不同的时代可能有不同的意义，有的意义比较早，有的意义比较晚。研究词义的演变，首先要区分哪是最初的或较早的意义，哪是后起的意义。比如"引"，在甲骨文里写作像一个弓控上弦的样子，它的最初意义是"张弓"。《淮南子·说林篇》有"引弓而射"的话，"引弓"就是"张弓"。现在我们应用"引"这一词有引出、引导、牵引一类的意思，都是后起的意义。又如"年"，在甲骨文中常有"贞受黍年"的话，"年"是"谷熟"的意思，犹如现在所说的"年成"。《春秋穀梁传·宣公十六年》说"五谷大熟为大有年"，可以看作"年"的原始意义的注脚。现在我们说一年两年的"年"是后起的意义。

　　词的最初的意义，有的从古代一直保存下来，有的在历史过程中已经消失掉了。像基本词汇是词汇中比较稳定的部分，词的最初意义一般总是保存下来的，如"人、手、山、水、出、受、问、上、下、高、老"一些词都是。

　　词的后起的意义，一般是由原来的意义演变出来的，即便跟原义距离较远，还是有一定的关系。假如与原义毫无关涉的话，应用的汉字尽管是一个，那只能算是在历史上不同时期中所产生的同音词。例如"翁"，鸟颈毛叫"翁"，称老人也叫"翁"，都见于汉人的记载，可是老翁的意思不是由鸟颈毛的意思变来的；"豆"是古人一种食器，如《仪礼》"豆笾设于东序下"的"豆",跟豆子的"豆"的意义没有什么关系。这样的同音词很多,谈不上什么词义演变的关系。我们要研究词义变化,首先要把这一点认识清楚。汉语一直是用汉字来记录的,如果我们拘泥于字形,把这种同音词认为是一个词来处理,那就错了。

下面我们来分析一下汉语词义变化的情况。词义变化的类型很多,如果从词义变化的结果来看,可以综合为词义的扩大、词义的缩小和词义的转移三种现象。

（一）词义的扩大

有些词的意义内容原来比较狭小,可是后来意义内容有了扩展,应用的范围比以前广泛了,这就是词义的扩大。词义扩大的变化,主要有下面几种类型。

1. 两种事物的特征、性质或功能相似,用原来指某一种事物的词称呼另外一种事物,因而词的意义有了新的发展。例如:

"根"是植物茎干最下端吸收养分的部分,指树根、草根而言。后来事情的本源也叫"根",例如"刨根问底"。

"钟"本来是"钟鼓"的钟,现在应用计时的钟,跟古人的钟不同,因为能发声报时,所以也叫"钟"。

"收获"原指农作物的收成而言,现在学习或研究有所得也叫"收获"。

"航行"原指船只在水上航行而言,现在飞机在空中飞行也叫"航行"。

"背景"原指舞台后壁的布景或摄影所取人物后面的景致而言,现在称对于一个人起作用的社会环境或政治关系也叫"背景",例如说"社会背景、政治背景";一件事情骨子里的情形也叫"背景"。

"健康"本来指身体康强而言,现在我们也说"思想不健康、语言不健康","不健康"就是有毛病的意思,因此"健康"的意义比以前扩大了。

"态度"原来是指人的举止动作,也就是"姿态"的意思。现在我们称人对于事理采取的立场或看法也叫"态度",例如"表明态度、态度很鲜明"。

"运动"原来是"转移、运转"的意思。例如古人说"四时运动、天地运动"都是指继续不断地变易而言。现在不仅物体的运动叫"运动",而且健身的活动和政治或文化上有组织有目的的群众性活动也叫"运动","运动"的应用范围扩大了。

2.用部分的命名代替全体而形成词义的变化也是比较常见的。例如:

《诗经·采葛》有"一日不见,如三秋兮"的话,"秋"本来是四季中的一个名字,"三秋"等于说"三年",这就是以部分代替了全体。

"手"是身体的一部分,可以拿东西,可以使用工具从事劳动。但在语言里"手"可以代替"人",在构词上可以产生"好手、选手、水手"一类的词。我们说"手边"就等于"身边",在"手边"一词里也是以部分代替全体的用法。

"旦"本来是指太阳出来的时候。我们说"一旦有事","一旦"则跟"一天"的意思一样。

3.由于感觉性质相近,从原来的意义上产生其他感情色彩相似的意义。例如:

"苦"是"甘苦"的"苦",很早就见于《诗经》。《诗经·谷风》有"谁谓荼苦,其甘如荠"的话,"苦"指苦味而言。可是词义逐渐扩展,凡是在生活上和工作上有困难或感觉不愉快都叫"苦",如"苦日子、苦工、愁眉苦脸"等等都是;而竭力尽心也叫"苦",例如"苦劝、苦思、苦干"。这些都是由"甘苦"的"苦"演变来的。

"可怜"原来是可喜、可爱的意思。白居易《曲江早春》"可怜春浅游人少,好傍池边下马行","可怜"是可喜的意思。李白《清平调》"借问汉宫谁得似,可怜飞燕倚新妆","可怜"是可爱的意思。怜爱也就有怜惜的意思,因此"可怜"又转为可惜。陆游《示儿》"齿豁头童方悟此,乃翁见事可怜迟","可怜"就是可惜的意思。我们现在又称对于遭遇不幸的人表示同情叫"可怜",也是从爱惜而发展来的。

"慷慨"是意气激昂的意思,例如陶渊明《拟古》"古来功名士,慷慨争此场"。后来称竭诚待人,肯帮助人也叫"慷慨",例如说"慷慨大方"。

4. 专门名词变为普通名词也是词义扩大的一种类型。例如:

"河"古代是"黄河"的专名,《诗经·硕人》的"河水洋洋,北流活活",就是指"黄河"而言。因为"黄河"称为"河",所以就在黄河流域一带起了好多地名,如"河内、河东"等。"黄河"古时候也称为"大河",又称"河水"。后来"河"这个词一般化了,凡是河流都可以叫做"河"。原来应用的范围很小,变为普通名词,应用的范围就扩大了。

"江"古代也是一个专名,指"长江"而言。如《诗经·汉广》"汉之广矣,不可泳思;江之永矣,不可方思","汉"指的是"汉水","江"指的是"长江"("思"是虚词)。"长江"也称为"大江",又称"江水"。《史记·项羽本纪》所说"江东父老","江东"就指的是长江下游的地方。后来"江"变成为普通名词了。

5. 词在语言里是活的,而不是死的,在应用上词性有改变,有时意义也有了改变。这也是汉语里词义扩大的一种常见的事实。例如:

"怪"指奇形怪状而言,一般是形容词。心里认为奇怪可疑也叫"怪",例如《史记·信陵君列传》:"公子往数(shuò)请之,朱亥故不复谢。公子怪之。""怪"是动词。现在我们说"你不要怪我","怪"也是动词,但不是疑惑的意思,而是责备的意思。

"顶"本来是"头顶"的"顶",是名词。用头支撑起来也叫"顶",是动词。如果说"顶风、顶着雨",也是动词,但不是用头支撑的意思,而是"冒着"的意思。意义不同了。

词义扩大的类型很多,如上一节所讲的词的"转义",也就是词义在历史发展中的一种扩展,在这里不必重述。

(二)词义的缩小

词义演变的另外一种现象是词义内容的缩小。有的词原来的意义内容比较大,后来变得比以前狭窄了,或者在原义之外又有了比较狭窄的意义,都是词义的缩小。词义缩小的类型有以下几种:

1. 由表示范围较大的名称变为表示范围狭小的名称。例如:

"丈人"一词原来是指一般的年长的人说的。《论语·微子篇》说:"子路从而后,遇丈人以杖荷蓧(diào,除草用的竹器)。""丈人"就是年长的人。唐以后称妻父叫"丈人"(zhàngren),变成一个专用的称呼了。

"文学"古人指文章学术而言,后来泛指一切作品而言,比我们现在所说的文学范围广得多。"小说"也是如此。古人所谓小说指杂记、异闻、琐谈而言,范围很广,跟后来所指文学作品中的一种体裁有不同。

"汤"古人泛指热水而言,如《孟子·告子篇》说"冬日则饮汤","汤"就是热水。现在一般都指饭桌上的汤而言。原义只保存在"赴汤蹈火"这个成语里。

"兄弟"包括"兄"和"弟"两方面。《诗经·柏舟》:"亦有兄弟,不可以据。"古人女子也以兄弟分长幼。例如《孟子·万章篇》:"弥子之妻,与子路之妻,兄弟也。"现在我们说"兄弟"(xiōngdi)专称弟弟而言,就把全名作为偏名来用了。

"妻子"包括"妻"与"子"。杜甫《兵车行》有"耶娘妻子走相送"句,正是兼指"妻"与"子"两方面而言。现在说"妻子"专指妻而言,也跟"兄弟"一样,把全名作为偏名来用,意义缩小了。

"年"代表一年的时间,我们说"过年、拜年"的"年"只指年节而言,是一个缩小的意义。

2. 在一般应用的广泛的意义之外又有一种特殊的狭小的意义。例如：

"办"是"办事"的"办"，这是一般广泛的意义。如果说"严办、首恶者必办"，"办"就是处分、惩治的意思了。

"对象"一般的用法是指各种动作（包括研究、批评、帮助等等）目的所在的事物或人，这是广泛的意义。现在称心目中追求的爱人叫"对象"，那是一个缩小的意义。

词义缩小的事实在汉语中并不很多，主要的类型有这一些。

（三）词义的转移

上面所说词义的扩大和词义的缩小都是就着一个范围（包括理性的和感性的两方面）而发生的变化，假如由甲范围而变到乙范围去了，或者用甲代乙，或者产生好坏、强弱不同的相反的意义，原义已经消失，这都是词义的转移。词义转移主要包括下面两种类型。

1. 用原来不表示这种事物的名称来称呼这种事物。例如：

"权"的原义本来是"秤锤"，因而衡量轻重也叫"权"，例如"权衡轻重"，就是衡量的意思。人对于事物有支配和指挥的力量我们也称为"权"，例如说"掌握大权"的"权"，就是由权衡的意思转变来的，"权"的原义差不多消失了。

"兵"原来的意思是"兵器"。古人说"坚甲利兵"，兵指武器而言。后来称执兵器以冲锋陷阵的战士叫"兵"，那是一个转变的意思。

"文章"原来是"文采"的意思。《周礼·考工记》说："画绘之事……青与赤谓之文，赤与白谓之章。"后来才把文辞称为"文章"，如《史记·儒林传》公孙弘说诏书"文章尔雅，训辞深厚"，意义已经与原来不同了。

"闻"，耳朵听到叫"闻"。"耳无闻，目无见"，就是耳朵听不见，眼睛看不见的意思。现在我们说"听"，不说"闻"。可是用鼻子分辨气味叫

"闻",原义已经改变了①。

"脚"原来指脚胫(《说文》"脚,胫也"),就是现在说的"小腿"。现在我们说"脚",指从脚趾到脚跟这部分而言,即北京话所谓"脚丫子",相当于古人所说的"足"。

2. 词义由好变坏,由坏变好,或由强变弱,由弱变强,也是词义的转移。例如:

"喽罗"字也作"偻儸",原义是骠悍矫健的意思,《五代史·刘铢传》有"诸君可谓偻儸儿"的话,《水浒》里的"喽罗"也没有贬义。后来把帮助恶势力的人称为"喽罗",词义由好变坏。

"乖"本来是指小孩子慧黠、狡黠的意思,可是现在说小孩子安顺叫"乖",词义由坏变好。明周芝山《玄亭闲话》说:"俗人不识字,称人子弟曰乖,曰凶,则喜,其意盖以为美谈耳,不知正相反。"事实上,用相反的名称作为爱称是语言中有意地把意义转换为相反意义的一种方式,这是由感情而引起的词义的改变。等到词所带有的感情成分暗淡了,自然就变为与原义相反的意义了。"乖"正是这样的一个词。

"取"原来是"捕得、攻取"的意思,例如《左传·庄公九年》的"齐人取子纠杀之",《哀公九年》的"宋皇瑷帅师取郑师"。现在的"取"跟"拿"的意思相同。词义由强变弱了。

"郑重"原来是"一再、频繁"的意思。《颜氏家训·勉学篇》说:"此事遍于经史,吾亦不能郑重。聊举近世切要,以启寤汝耳。"现在"郑重"变成"审慎、严正"的意思,词义由弱变强了。

以上我们把词义演变的三种现象——词义的扩大、词义的缩小和词义的转移都解释过了。词义的变化有的明显,有的不很明显,我们需要

---

① 有的方言不说"闻",而说"听"(鼻子听一听),是同样的变化。

用心分别。

　　从上面所举的事实来看,词义的扩大是汉语词义发展和改变的主要方面。词义的发展和改变与隐喻和联想有很大的关系。词汇日渐增多,词义不断地有发展,语言自然一天比一天丰富起来。

　　最后,我们还需要知道:意义有变化,不一定就是新旧的替代,有时新义和旧义是并存的。从上面所举的例子就看得很清楚。同时我们还要注意:没有历史演变的关系,只是由于利用旧词而赋予新的概念所产生的词应当算作新词,不能讲词义变化。

第三讲　同音词、同义词和反义词

一　同音词和一词多义的界限

语言里有一些发音相同而意义完全不同的词,这种词称为"同音词",或称"同音异义词"。同音词是指音素和声调完全相同的词,例如"代、带;页、夜"之类。假如只是音素相同,而声调不同,那就不能称为同音词。例如"筛"(shāi)和"晒"(shài)、"修理"(xiūlǐ)和"秀丽"(xiùlì),都不能算作同音词。

我们还要把"同音词"和"同音字"区别开。例如"事、试、饰、释"都读 shì,但"饰、释"只是字而不是词,不能作为同音词看待。有人把词和字混在一起,因而认为汉语的同音词太多,很难分辨,其实这是一种误解。

汉语的同音词有两种类型:一种是词源不同发音偶合的同音词,再有一种是由于词义分化而产生的同音词。词源不同发音偶合的一种,数量比较多。这里包括汉字写法不同和写法相同的两类。例如:

jiā（夹、加）	qīng（清、轻）
bàn（拌、绊）	chú（除、锄）
chā（叉、插）	shì（事、试）
zhēn（针、真）	lì（利、立）

hé（河、合）   cháng（长、常）

bào（抱、刨）   jiē（街、接）

huìhuà（会话、绘画）   shùmù（数目、树木）

bìxū（必须、必需）   zhànshì（战事、战士）

gōngshì（公式、攻势）   xíngshì（形势、形式）

quánlì（权力、权利）   shuǐlì（水力、水利）

shēnrù（深入、伸入）   xīnlǐ（心理、心里）

lǚxíng（履行、旅行）

这一类词，汉字写法不同，但是发音完全相同。其中很多词在古代都不同音，如"事、试；清、轻；除、锄"声母不同，"夹、加；利、立；河、合"韵母不同，由于语音演变的结果，在北京语音里都变成同音词了。

另外有一些词，汉字写法相同，可是所代表的是两个词，例如"花钱"的"花"和"花草"的"花"意义毫无牵涉，那也是同音词。这种同音词从文字学方面来讲，就是"同音假借"。

还有一些词源不同的同音词是由借用外来语而产生的。例如汉语的"站"是"久立"的意思，但是我们也管"车站"叫"站"，"车站"的"站"是从蒙古语借来的，"站"是蒙古语 jam 的译音，我们借来这个词，写作"站"，就与"久立"的"站"成为同音词了。又如"米"是汉语原有的一个词，自从英语的 meter，法语的 mètre（公尺）传入中国以后，译成"米"，于是两个不同来源的词就成为同音词了。

第二种类型的同音词是由于词义分化而产生的同音词。语言里一个词往往因为历史的发展而产生出新的意义，当新义和旧义在语言中同时存在，而新义逐渐离开原义，以致很难想象新义和原义之间有什么关系的时候，那就变成发音相同的另外一个词了。由于词义分化而形成与原义相差很远的新词，那就不能认为是词义的分支了。例如：

"好"是"好坏"的"好"。我们说"好大、好痛快、好冷","好"是状语，表示程度之甚的意思，已经跟"好坏"的"好"分化为两个词了。

"该"，东汉许慎的《说文》里作"军中约"讲，古书里一般都用为"赅备"的意思，现在用为"应该"的意思。例如"该去了"的"该"，就是"应该"的意思。至于"该他三块钱"的"该"是"欠"的意思，跟"应该"的意思可能有关系，但是现在我们在应用上已经不感觉它是一个词了。

"副"是"正副"的"副"。我们管成双的东西叫"一副"，例如"一副筷子、一副眼镜、一副手套、一副对联"，可能跟"正副"的意思有关系；但是"副"作为一个量词，它的应用范围不仅限于成双的东西，一组一套的东西也用"副"，例如"一副棋子儿、一副扑克牌"等。所以"副"已经分化为两个词了。

"注"是"灌入"的意思，指水而言。至于解释文句词意称为"注"，跟"水灌注"的关系已经不清楚，这应当作为分化出来的同音词看待①。

"刻"是"雕刻"的"刻"。"一时一刻"的"刻"和十五分钟为一刻的"刻"，跟"雕刻"的"刻"并不是没有关系（它是由铜壶漏刻来的），但是已经是另外一个词。

这种同音词虽然汉字相同，在语言中实际上是两个词。这是同音词的第二种类型。

对于第二种类型的同音词，也许有人不这样看，认为这是一词多义，而不能算为同音词，这就牵涉到同音词和一词多义的界限问题。

一词多义和同音异义是语言中并存的现象，两者之间的界限本来并不十分清楚。换句话来说，就是词的多义性和同音性之间没有绝对的界限。因为有些词从词源上来看是多义的词，可是事实上随着时间的推

---

① 这是不是同音假借字的关系，不能确定。

移,意义上的联系逐渐变得不明显,就可能被看作同音词了。

例如中空的圆柱叫"管","竹管、钢管、管弦"的"管"都是一样。可是古人称"钥匙"也叫"管"(或称"管籥")。《左传·僖公三十二年》"郑人使我掌其北门之管","管"就是今人所说的"钥匙",是拨开关键的东西。"管"在语言中又由"管籥"的意思产生了"掌管"的意思,这是很自然的。现在我们说"要管很多的事情、不能不管","管"就是从"管籥"的意思来的。但是这种意义上的联系已经很难觉察得到,因为"钥匙"早已不叫"管"或"管籥"了。这样,"钢管"的"管"和"不能不管"的"管"对于我们就成为同音词了。

一般处理多义词和同音词的方法,主要是看词义之间有无联系。如果一个词的各个不同的意义之间含有某种共同的意义,可以在听者和读者的意识中引起彼此有联系的感觉,而且这些不同的意义都可以由一个中心的意义联系起来的,那就是一词多义;如果意义之间没有联系,各自有其独立性,那就是同音词。举例来说:

"麻"是"桑麻"的"麻",我们说"腿麻了"的"麻",又是一个词。

"料"是"饲料、材料、原料、工料"的"料",它是一个单词,同时也构成很多合成词。我们说"料不到、不出所料"的"料"是猜度估计的意思,那又是另外一个词。

"别的东西"是"旁的东西"的意思,跟"用针别上"的"别"是两个词。

"两个人"的"两"跟"斤两"的"两"应当是两个词。

分别多义词和同音词是一个很复杂的问题,遇到一些词源不清楚的词就很难解决,我们只有根据具体的情况分别处理。

同音现象是语言中的一种特殊现象。在语言里存在着过多的同音词可能造成词义的混淆,但是实际上同音现象并不如一般人所想象的那样严重。一则,词是在连续的话里来应用的,我们可以很清楚地从上下文中了解某个同音词的意义,在语言实践中严重地影响到正确理解的场合并不多;二则,汉语的词汇非常丰富,我们总可以避免由于同音而产生的误解。有些词在语音上应用轻重音就很自然地区别开了,那更没有问题[①]。例如:

'yùjian（遇见）　　　　yù 'jiàn（预见）

'jìnlai（进来）　　　　jìn 'lái（近来）

'yìyi（意义）　　　　　yì 'yì（异议）

这里重音在前跟重音在后意义不同,分别得很清楚[②]。当然,在我们创造新词的时候,为了防备词义混淆,还是应该尽量避免同音现象。

同音词在语言中也有一种特殊的作用,那就是可以利用它组成"双关语"。"双关"是用一个词同时关照两种不同事物的修辞方式。例如六朝民歌《子夜歌》:

> 高山种芙蓉,复经黄蘗坞;
> 果得一莲时,流离婴辛苦。

"莲"与"怜"双关。又如唐刘禹锡《竹枝词》:

> 杨柳青青江水平,闻郎江上唱歌声;
> 东边日出西边雨,道是无晴还有晴。

"晴"一方面说"晴雨"的"晴",一方面说"情感"的"情",语意双关。又如人民大众口语里常说的"歇后语",也往往利用同音词组成双关语。"外甥打灯笼——照舅","舅、旧"同音双关,这就是一个例子。

---

① 这种现象往往为研究同音词的人所忽略。

② 利用改变声调的方法来区分词义而分化成为两个词,也是汉语词汇发展过程中的一件重要的事实。因为它已经由同音变为不同音了,在这里不需要谈。

同音词的产生是语言发展当中必然有的现象。我们研究汉语词汇中的同音词的主要任务在于分析由词义分化而产生的同音词的现象，把一向写成一个汉字而在语言中确实是两个词的区分出来，以便我们在运用语言时应用得更精确。

二　同义词的性质和作用

语言里有很多发音不同而意义相同或意义非常相近的词，这种词称为"同义词"。例如"勇敢"和"英勇"、"竭力"和"尽力"、"雄伟"和"高大"、"答应"和"允许"之类都是同义词。

同义词可以分为两类：一类是完全同义的词，一类是意义稍有差别的词。

严格说起来，一种语言中意义完全相同的词是很少的。现代汉语的普通话里，有一些词义完全相同的等义词，大部分是由于来源不同而产生的。例如：

生日	诞辰	游泳	凫水
火柴	洋火	肥皂	胰子
星期日	礼拜天	康拜因机	联合机
维他命	维生素		

这里面有的是书面语和口语的等义词，有的是从方言中吸收来的等义词，有的是外来词和自造词意义相等的词。

同义词的第二类是意义稍有差别的词。这一类词的特点是主要意义相同，但是它们所具有的感情色彩、应用的范围等方面都有不同。例如"勇敢"和"英勇"是有共同意义的，但是词义并不完全相等。"勇敢"是一个单纯的意义，而"英勇"则在"勇敢"之外还有"英雄气概"的意思，两个词的意义是有差别的。

这类同义词在同一文句里或意义相近的文句里固然有时可以互相代用而感觉不出有显著的差别来，但是一般说来这种可能性往往受到一定的限制。例如"毁坏"和"破坏"是同义词，可是很少代用。我们说"美帝国主义破坏世界和平"，就不说"毁坏世界和平"；"不要毁坏公共财物"的"毁坏"，也不说"破坏"。足见这类词虽然词义上有某一部分相同或差不多相同，可是也不能任意换用。

在语言里，这类的同义词最多。我们可能要问这类词既然是意义相近而不是意义相等，那么，是不是意义有些关联的词就都算为同义词呢？这是需要讨论的问题。一般谈到同义词的时候，把凡是意义有联系的词都算作同义词，未免失于宽泛。我们可以举下列几组词来看：

锻炼　　训练　　修养

收获　　成绩　　成就

繁荣　　繁华　　豪华

工作　　任务　　义务

这里的每一组词，意义虽然有相近的地方，但是并非都是同义词。首先我们发现每一组词在词义上都缺乏共同性。意义的共同性应该是确定同义词含义的主要根据，如果把意义的共同性理解得过于宽泛，就失去了所以成为一组同义词的明确性。例如上面第一组的词，从实践中增强体力或提高政治觉悟是"锻炼"，通过学习以掌握技术是"训练"，这两个词和关于进德修业方面的"修养"的意义差别很大，同义的性质是不够明显的。

其次，我们知道语言里的词虽然有时可以互相代替来用，但不一定都是同义词。例如"收获"和"成就"、"工作"和"义务"在文句里尽管有时同等使用，并且在某方面的意义上有相似的地方，但都不能作为同义词看待。因为"收获"和"成就"、"工作"和"义务"没有共同的主要意义。因此上面所举的几组词并非都是同义词。

同义词所表示的是同一个概念之内的各种细微的差别，如果超出了这个界限，无论在意义上或使用上都会有很大的差别，那就不能算为同义词了。

另外，有些人也把有种和类的关系的一些词作为同义词看待。例如"牲口"和"马"、"菜"和"白菜"之类。克留耶娃认为这是不正确的，不可以把种类不同的词和同义词相提并论。她指出下列各种概念的词彼此不能构成同义词：

1. 种和类（例如"著者，作家、小说家、诗人、记者"）；

2. 同一种类的亚种和亚类的概念（例如"衣服，西服、背心，服装、制服、学生服"）；

3. 具有取消意味的词和没有取消意味的词（例如"诗人、拙劣的诗人"）；

4. 属于不同社会制度的词（例如"竞赛"和"竞争"）；

5. 具有超出本义范围的特殊补充色彩的词（例如"劳动"和"苦干"）；

6. 由于经常代替而从原文里无区别地抽出来的词（例如"成就"和"结果"）。

这些意见对于我们理解同义词的性质是很有帮助的。

我们研究同义词的积极意义在于如何从许多意义相似的同义词中辨别出它们彼此不同之点，以便在应用时能够选用恰当的词，正确地表达出自己的思想情感，至于不同的词是否属于同义词范围之列，似乎不是很重要的问题，可是我们要知道如果把同义词的范围规定得过分宽泛，把非同义的词也算为同义词，那对于各组同义词中共同意义的理解是有妨害的，同时也必然不能很明显地看出一组同义词内各个词的真正的区别所在。因此把同义词的性质和范围认识清楚,还是很必要的。

根据上面所说,我们可以很清楚地了解到意义的共同性是确定同义词的主要条件。如果意义有不相应的,就不能作为同义词看待。如上面所举的"繁荣"和"繁华"是同义词,因为它们有共同的基本意义;至于"豪华",跟它们就不是同义词了,"豪华"跟"豪奢、奢华"是同义词。

我们研究同义词还需要注意到一个词不一定只有一个意义,如果有几个意义的话,那么每一个不同的意义就可能具有不同的同义词。例如:

拿	取	拿	用
痛快	爽快	痛快	高兴
明白	懂得	明白	明显
骄傲	自大	骄傲	自豪
糟蹋	毁坏	糟蹋	浪费
研究	钻研	研究	考虑

这就是一词多义与同义词的关系。我们分别同义词的时候,如果能掌握这一点,在了解词义与词义之间的关系上一定可以认识得更清楚一些。

汉语中同义词是非常丰富的。同义词的丰富正是语言高度发展的表现。现代汉语的同义词有些是单音词,例如"折"和"迭"、"看"和"瞧"、"关"和"闭"都是。但是同义词当中以双音词居多。双音词与单音词同义的也不少。例如:

中	中间	里	里面
追	追赶	开	打开
换	调换	猜	猜想
学	学习	落	降落
弯	弯曲	叫	叫喊

这里面的单音词就是双音词的构成成分。

至于双音的同义词从构成的成分来看，又有三种形式：

（一）构成的成分不同

发起	创始	记号	标识
立刻	马上	讽刺	讥笑
疏忽	大意	谨慎	小心
飘泊	流浪	缺点	毛病

（二）构成的成分有相同的部分

品质	品德	区别	区分
领会	领悟	欺负	欺侮
悲哀	悲伤	担任	担负
器具	器械	计策	策略
豪爽	直爽	名望	声望
精确	准确	挽救	拯救
流露	吐露	堆积	积聚
猛烈	激烈	消灭	歼灭
光辉	辉煌	劝诱	诱惑
光滑	滑溜	惊惶	惶恐
曲折	弯曲	整理	整顿
朴素	简朴	保证	担保

（三）构成的成分相同，但前后的顺序不同

积累	累积	代替	替代
气力	力气	显明	明显

第三种形式的同义词意义很相近。但是也有不接近的，如"动摇"不等于"摇动"，"平和"不等于"和平"。有的甚至不成为同义词，如"虫害"

和"害虫","生产"和"产生"。

同义词在语言中的基本作用是在于使我们的语言丰富而且灵活,有了丰富的同义词,我们既可以表达最细腻的意思,同时还可避免词句上的单调。例如:

　　1.这只是我自己心情的改变罢了,因为我这次回乡,本没有什么好心绪。(鲁迅《故乡》)

　　2.这种英雄气概感动了好多人,见面都不叫他(孟泰)的名字,只喊他老英雄。(艾芜《屋里的春天》)

"心情"和"心绪"是同义词,"叫"和"喊"也是同义词,作者应用这种同义词,一方面避免了重复,一方面也表现了不同的情调。

在汉语里同义词还可以连在一起用,使语意更加显豁。例如"聪明伶俐、生动活泼、悲观失望、彷徨犹豫、骄傲自满"等都是常常连用的,这样就构成了语言的特殊风格,增强了表现力。这也是同义词的一种作用。

同义词还有一种作用就是构成合成词和成语。例如"改变、改换、变换"等都是利用同义词构成的词;"发号施令、粗心大意、愁眉苦脸、奇形怪状、循规蹈矩、深恶痛绝、幸灾乐祸"等都是利用同义词构成的成语。

我们要掌握词汇,对于语言中的同义词就应当有深刻的了解。

三　辨别同义词的方法

我们在前边已经说过语言里的绝对同义词是很少的,即使是意义非常相近的词,也会有一些细微的差别。这种细微的差别构成语言的灵活性和精密性。我们要掌握词汇,对于同义词就必须特别注意。一般用词不当的毛病往往是由于不善于运用同义词而造成的。要善于运用同义词，必须细心辨别同义词，这也就是研究同义词的主要任务。

怎样来辨别同义词呢？应当从三方面着眼：1. 词义上的区别；2. 风格色彩上的区别；3. 用法上的区别。

有些同义词的意义似乎难以区分，假如细心分辨的话，区别毕竟是有的。在词义方面我们可以注意下面几种事实。

（一）有些同义词意义类似而表现的方面不同

比较容易辨别的是在构词上有一部分相同的词，它们的差别就表现在那一个不相同的成分上。例如"妨碍"和"妨害"是同义词，"妨碍"指的是形成一种障碍使事情不能顺利进行，如"妨碍交通、妨碍工作"之类；"妨害"指的是使事物受到损害，如"妨害身体健康、妨害国家的利益"之类。两个词的意义着重的方面不同。又如"改正"和"改进"也是同义词，"改正"是针对错误或缺点来说的，有了错误或缺点就必须改正，所以我们说"改正错误"或"改正缺点"；"改进"是指对于现有的情况还不满意，认为需要改善或提高来说的，例如"改进工作方法、改进生产技术"之类都是。这类同义词在一般场合之下很少能够代用。

（二）有些同义词意义是交叉的

这就是说两个同义词各有一些不同的意义，但可能有某一个意义是一样的。例如"说话"和"讲话"意思是相同的，"说"和"讲"在这一意义上是同义的关系。但是"讲"另外有"讲解"的意思，"讲语法"就不能说"说语法"。又如"光辉"和"辉煌"词义是相近的，我们说"光辉的成就"，也可以说"辉煌的成就"，区别只在于意思的轻重有不同。但是"灯火辉煌"就不能说"灯火光辉"，因为"辉煌"还有光辉耀目的意思，尽管它有时可以跟"光辉"换用，可是"辉煌"的另一个意义不是"光辉"所有的。这种现象就是词义交叉的现象。其他如"工夫"和"时间"、"美丽”和“漂亮”都是如此。我们说“没有工夫”意思是“没有时间”，但是说“在一段时间内”，“时间”一词就不能说“工夫”。我们说“颜色很美丽”，也可以说“颜色很漂亮”，但是说“他说话说得很漂亮”，“漂亮”一词就不能说“美丽”。遇到词义有交叉的同义词，我们应当注意它们在词义范围内有哪些地方是相通的，有哪些地方是不相通的。这跟词的多义性有不可分的关系。

（三）有些同义词的词义所指称的事物的范围大小有不同

例如“品质”和“品德”意义是相近的，“品德”是专就人的道德修养方面的性质来说的，“品质”是就人的德才各方面的性质来说的，“品质”所指称的范围比较大。又如“明白”和“明确”都有清楚、不模糊的意思，但是“明白”兼指感觉、了解两方面，“明确”不但指明白到肯定的程度，而且专指思维活动，不指感觉的活动，范围比“明白”狭小。还有些同义词是集体和个体的区别。例如“河流”和“河”是同义词，但是“河流”具有概括性，而“河”是就具体的某一条河来说的。我们说“中国的河流很多”，“河流”包括大大小小的河，它是一个集体名词。同样，“湖泊”和“湖”、“池沼”和“池”也有这样的区别。推广一点，“纸张”和“纸”、“信件”和“信”、“树木”和“树”、“船只”和“船”也是如此。集体和个体的区别跟词义范围大小的区别是相类似的。不过表示概括性和具体性的词有时可以代用，词义范围大小不同的词代用的时候比较少。

（四）有些同义词的词义轻重有不同

例如“损坏”和“毁坏”意义相近，但是轻重不一样，如“损坏器物”和“毁坏器物”意思轻重就有区别。其他像“阻止”和“制止”、“辩论”和“争论”、“违背”和“背叛”、“轻视”和“鄙视”、“请求”和“恳求”、“固执”和“顽固”、“摧残”和“摧毁”、“悲哀”和“伤心”、“懊丧”和“沮丧”等都有不同。这种词在应用的时候要避免轻重不当的毛病。

（五）有些同义词意义上的褒贬不同

　　有的表示好的一面，带有赞许的意思；有的表示坏的一面，带有贬斥的意思；有的是中性的，不带任何褒贬的意思。这种情形不难分辨。例如"名誉"可以指好的来说，也可以指坏的来说，所以它是一个中性词；"荣誉"是专指好的一面来说的，所以它是具有褒扬意义的。又如"结果"可以有好坏，"结果"是一个中性词；至于"后果"则不然，它专指坏的结果来说的，那就是具有贬义的一个词。同样，"保护"和"庇护"、"把握"和"把持"、"积存"和"积压"、"技能"和"伎俩"，前面一个词都是中性词，后面一个词都是贬义词。我们掌握了这些，才不至于把词用错。

　　以上所谈是从词义方面来看同义词的区别。其次我们要注意的是同义词之间的风格色彩的不同。

　　"风格"就是全民语言范围内各种表现思想感情的手段的使用方法的综合。我们运用语言要能够真实地反映现实，就必须善于选词，善于运用不同的表达手段，使具体的内容更加形象化。语言里的词，有些是一般性的，有些却带有不同的风格色彩。严肃的、亲昵的、讽刺的、咒骂的等等，各有各的用法。文体可以有政论、文艺、科学、公文以及日常谈话等不同方面的体裁，因此表现的手段也就依照社会活动的范围，语言的目的、任务和内容而有所不同。

　　从风格色彩方面观察同义词，我们所要留意的主要方面是：1. 普通词和具有特殊色彩的词之间的区别；2. 书面语和口头语的区别；3. 普通话和方言的区别。我们可以举一些例子来说明。

　　所谓特殊的色彩，在这里指的是一些意味不同的词。比如"诞辰"和"生日"意义一样，可是"诞辰"用在文章里则比较庄重；"逝世"和"死"是同义词，"逝世"用起来就比较庄重。又如我们说"这个家伙是个懒汉"，表示一种鄙视的口吻，跟说"这个人是个懒人"意味就不同。汉语的同义词非常丰富,在不同的文体里可以选择与全文风格最相适合的词来用。例如"办法"和"措施"、"给"和"给予"、"安排"和"部署"都是同义词,但是后面的词往往用于比较郑重的文件里。又如"安静"和"寂静"、"光亮"和"晶莹"、"飞"和"飞翔"都是同义词,但是后面的词常常见于文学作品里。这就说明了同义词除了在词义上的区别以外,还有风格色彩的不同。每个词都有它应用的场合,必须细心分辨。

同时,我们还要注意书面语和口语之间的区别。书面语和口语本来没有绝对的界限,因为两方面共同应用的词很多。可是书面语一般都是经过文学加工的,同时受古代文学语言的影响也比较大,所以跟日常生活用语就有些不同。例如"父亲、母亲"和"爸爸、妈妈"是同义词,但是"爸爸、妈妈"一般只用在口语里,"父亲、母亲"一般应用在书面上。当面称呼父母只用"爸爸、妈妈"而不用"父亲、母亲"。"父亲、母亲"比较庄重,"爸爸、妈妈"比较亲切,风格色彩不同,在应用上就各有所宜。又如口语说"吓唬"(xiàhu),书面语则用"恐吓"(kǒnghè)或"恫吓"(dònghè)。"书信"的"信"是口语和书面语通用的词,可是书面上又可以用"函"。"怎么"是口语和书面语都用的词,可是"如何"经常用在书面上。"于"和"在"的意思相同,在书面上可以用"于",而口语里就很少用。一般说来,普通话里的口语词,除了少数词以外,几乎都能在写作中出现,而书面语特有的词就不一定都能用在口语里。书面语里特有的词大都是从古代文学语言承继下来的词,在语言中有它特殊的风格色彩和特殊的作用。

另外一点就是同义词当中普通话和方言的区别。汉语的方言很多,在词汇方面有很多意义相同而说法不同的词。例如"什么"有的地方说"啥","不要"有的地方说"别","不好"有的地方说"孬"(nāo),"玩具"有的地方说"玩意儿","不作声"有的地方说"不搭腔"。这种方言中的同义词在作品中为了达到某种修辞的目的而使用它是可以的,但是我们必须了解它是具有地方色彩的,不宜滥用。

分辨同义词除了注意词义和风格色彩的区别以外,还要注意用法上的区别。因为同义词的应用范围可能不同,同义词与语言中某些词配合的关系也往往不同,所以我们必须注意。

从用法上来看,我们应当注意有的词应用的范围比较广,有的词应用的范围比较狭。例如"克制"一词主要指感情来说的,"克服"则不然,我们可以说"克服困难、克服保守思想"等等。又如"充沛"一词主要指精神、感情而言,"充足"一词则应用得比较广泛,我们可以说"精力充足、理由充足,粮食充足"等等。又如"交流"一词通常指经验或文化而言,我们可以说"交流经验、文化交流";如果指礼物、意见、资料等等来说,则用"交换"而不用"交流",足见"交换"比"交流"应用的范围广。从这一点来看,同义词之间有的跟某一类事物相联系,有的就跟另外一类事物相联系,因此我们要掌握同义词的用法就要注意词与词的配合关系。

从词与词配合的关系上来区分同义词是很重要的方法,一个词经常和某一些词配合使用往往是有规律的。我们可以举一些例子来看:

猛烈　激烈　剧烈——炮火猛烈,战争、辩论很激烈,剧烈的运动

开展　开拓——开展工作、运动,开拓资源

发挥　发扬——发挥积极性、作用、效能,发扬光荣的传统

维持　保持——维持秩序、生活,保持安静、清洁、健康

含糊　模糊——意思含糊,印象、字迹模糊

繁荣　繁华——经济繁荣、走向繁荣富强的道路,都市繁华

侵犯　侵占——侵犯主权、利益、领空,侵占土地、财产、领土

充足　充裕——理由、证据充足,经济充裕

担任　担负——担任工作、职务,担负责任

解除　排除——解除疑难、职务、警戒,排除积水、困难、障碍

履行　执行——履行条约,执行命令、任务

　　从这里我们可以看出同义词跟语言中的词的配合是有一定的关系的。要辨别同义词就必须注意这一点,否则就会用错。

　　总起来说,词义上的区别、风格色彩上的区别和用法上的区别是辨别同义词的主要依据。这三方面虽然各有各的内容,但是并非没有联系。我们要分别任何一组同义词都要从一个词在语言中实际应用的情况出发,注意各个不同方面的差异,这样才能了解得透彻,在应用的时候就不会有用词不当的毛病。

四　反义词的性质和反义词在语言中的运用

　　语言里的词就意义的关系来看,除了同音词和同义词之外,还有反义词。反义词是意义相反或具有对立意义的词。例如"好、坏;大、小;深、浅;高、低;厚、薄;胜利、失败;勇敢、怯懦;快乐、忧愁"之类都是反义词。

　　反义词的研究非常重要。反义词和同义词正是两种不同的现象。语言里有极丰富的同义词,可以帮助我们把思想和情感表达得非常确切,非常细腻,所以我们要研究同义词。但是我们还要注意反义词,因为善于应用反义词,可以增加语言的鲜明性,可以使语言更富有表现力。

　　我们研究反义词,先要了解反义词的性质。

　　反义词是指人们可以联想到的意义显然相反的两个词,而不是指简单地用否定的词语所表示的一种对比。例如"好"和"坏"是反义词、"干净"和"肮脏"是反义词;"好"和"不好"、"干净"和"不干净"就不是反义词。这一点我们要认识清楚。

　　语言里可以构成反义词关系的词主要是表示性质的,如上面所举的"大、小;深、浅"之类。另外,在表示状态和行为的词当中也有很多的反义词。例如:

热闹	安静	平坦	崎岖	羞涩	大方
荒凉	繁华	当面	背地	活泼	死板
熔化	凝固	清彻	浑浊	完整	残缺
喜悦	悲哀	进攻	退却	破坏	建设
分化	统一	关心	漠视	反对	赞成

这都是表示状态和行为的词。

　　汉语的词以双音词最占优势。双音节的反义词在构造的成分上一般都是不同的。但也有少数的词有一部分相同,另一部分构成意义的对比。例如"出席、缺席;进步、退步;局部、全部;自卑、自大"之类都是。在双音节的反义词中两个词素对照的关系有时非常突出。例如"坚强、脆弱;聪明、愚蠢;热爱、痛恨;稀疏、稠密;宽阔、狭窄;前进、后退"等等,不但前后两个词素的意思有鲜明的对比,而且构词的方法也是相同的。从这里可以看出汉语构词的精密性,也可以了解反义词的性质。

　　某一个词的反义词,在我们的意识里有时一下子就可以联想起来,这种反义词大都是从基本意义出发而联想起来的。但是一个词不一定只有一个相应的反义词,如果是一个多义词的话,它可以有不同的反义词。例如"没有进步反倒退步了","进步"和"退步"是反义词;如果说"进步的带动落后的","进步"和"落后"就是反义词了。还有,在一定的上下文里表示意义相反的词也可以构成反义词。比如"光明"和"黑暗"是直接的反义词,但是在"前途是光明的,不是黯淡的"一句话里,"光明"和"黯淡"就成为反义词了。又如"紧张"和"松弛"是最明显的反义词,但是在"心里很轻松,丝毫也不紧张"一句话里,"紧张"和"轻松"是反义词;在"我们要紧张地工作,绝对不能松懈"一句话里"紧张"又和"松懈"成为反义词了。由此可以知道一个词在不同的用法上可以有不同的反义词。

反过来说,两个不同的词,它们的反义词也可能是相同的。例如"讨厌"和"厌恶"的反义词是"喜欢","残忍"和"凶恶"的反义词是"善良","成功"和"胜利"的反义词是"失败"。这种具有同样反义词的词一般总是意义比较相近的词,从这几个例子就看得很清楚。

根据以上所谈,我们可以了解反义词在语言里就是一种很好的表达意思相对照的工具。"对照"是把逻辑上对立的概念放在一起作对比的一种修辞手段。我们要使不同的现象彼此鲜明对照,就需要运用反义词来表现。应用反义词可以使语义更加明确,更富有表现力。我们可以看下面的例子:

1. 一石居是在的,狭小阴湿的店面和破旧的招牌都依旧;但从掌柜以至堂倌却已没有一个熟人,我在这一石居中也完全成了生客。(鲁迅《在酒楼上》)

2. 在米质好和坏的辩论之中,在斛子浅和满的争持之下,结果船埠头的敞口船真个敞口朝天了……(叶圣陶《多收了三五斗》)

从这些例子中可以看出反义词可以把现象的矛盾表现得很突出。在对立的概念的强烈对比之下,使读者有极深刻的印象,这就是反义词在语言中的作用。

反义词或反义的词素在汉语里跟同义词一样有构词的功用。例如"多少、动静、是非、利害、左右、早晚、反正、来往、呼吸、开关"等等都是用反义词构成的。

反义词既然有对比的作用,所以有很多的成语是运用反义词来组成的，例如"左右为难、坐卧不安、水落石出、弃暗投明"等等。另外，反义词和同义词错综在一起而组成的成语也很多，如"深入浅出、截长补短、东张西望、大惊小怪"之类都是。由此可以看到人民大众对于同义词和反义词是如何善于运用了。

第四讲　现代汉语的词汇和词汇的变化

一　现代汉语词汇的构成

语言是长期的社会的产物,语言的词汇就是在语言的长期发展过程中逐渐发展、逐渐累积而成的。我们知道语言的发展不是用消灭旧的和建设新的那种方法来实现的,而是在原有的基础上用扩大和改进的方法来实现的。这在词汇方面表现得最为明显。在远古时代,词汇是贫乏的,随着社会生产和文化科学的发展,词汇也就不断地增加。在不同的时期中都会产生一些新词,消失一些旧词,但是新词产生的数量远比旧词消失的数量多,因此词汇越来越丰富,越来越纷繁。用新词充实原有的词汇就是词汇发展的一般规律。

现代汉语词汇中有极大部分的词是从古代汉语承接下来的。首先是词汇中的基本词汇。基本词汇是语言词汇中最稳定的部分,例如在第一讲中所提到的远在商代已经出现的一些词,一直保存到现在。其次是语言中日常应用的一般词汇,包括普通事物的名称,亲属的称谓,表示一般性质、状态或动作行为的词以及语言中必不可少的虚词等等。这类词虽然不都是一个时期所产生的,但多半是历史悠久而且具有全民性的词,也是现代汉语词汇中的重要的组成部分。现代汉语的词汇就是在古代已有的词汇基础上形成的。

现代汉语里双音词是占优势的。但是双音词并不是近代才有的，从两千年以前就已经逐渐发展。双音词当中有一部分是双声叠韵词（联绵词）和叠音词（重言），在《诗经》《楚辞》里已经出现很多。例如"参差、窈窕、踟蹰、艰难、逍遥；赳赳、悠悠"等都是。其他方式构成的双音词在先秦文献里也出现不少。例如：

朋友	父母	衣服	饮食	容貌	耻辱	讨论	修饰
果敢	成功	欢乐	是非	智慧	充实	光辉	廉洁
礼貌	声音	颜色	疾病	繁殖	泛滥	土地	人民
国家	婚姻	聪明	正直	周旋	法制	法律	音乐
歌舞	萌芽	寂寞	孤独	精神	衰老	生长	

这足以说明双音词不是后代才有的。从词汇发展来看，由单音词占优势发展为双音词占优势，这是汉语词汇发展的内部规律。现代汉语里双音词占优势不是偶然的。

现代汉语普通话的词汇，内容是非常丰富的。除了由古代语言承继下来的基本词汇和一般词汇以外，还包括以下几类：

1. 从古代传下来的文言词；2. 外来词；3. 从方言中吸收进来的词；4. 专门用语。

这里面有旧有的，有新起的，有固有的，有外来的，有一般通用的，有比较专门的。关于新词的产生后面再谈，现在先就现代汉语词汇中的文言词、外来词、方言词和专门用语简单地谈一谈。

（一）文言词

文言词是见于古代书面语言里的一些词，一般称为"文言词语"。古代书面语言的词汇是很丰富的，不过有些词现在已经不作单词来用，有些词早已不能为人所理解，已经失去作为交际工具的效能，这种词只能算是古典的词汇，在现代语里是没有地位的。这里所说的文言词是指有生命、有作用的一些词,它们在语言里不仅有一定的作用,甚至于有时非用它们不可,特别是在书面语里。那么,尽管来自古代书面语言,仍然是现代词汇中的组成部分。例如:

　　若干　　如此　　浩大　　宏伟　　渊博　　充沛　　明晰　　绵密

　　庞杂　　频繁　　艰巨　　贫瘠　　屹立　　振奋　　飞翔　　沸腾

　　畏惧　　屏弃　　谢绝　　依据　　恢复　　盈余　　裁减　　目击

　　非难　　阻挠　　鄙视　　掩蔽　　驱逐　　陈列　　篇章　　聘请

　　措施　　磐石　　善于　　鉴于　　濒于　　富于①

这些都是从古代书面语承接下来的常用词。

　　文言词语中还包括文言中的一部分虚词。例如:

　　之　　与　　及　　以及　　所　　于　　则　　而　　因而　　从而

　　自　　至于　　由于　　终于　　以至于　　于是　　于是乎

　　反而　　幸而　　然而　　极其　　尤其　　未必　　与其

　　宁可　　容或　　况且　　而且　　尚且　　纵然　　而已

这都是现在常用的一些文言虚词,所以也是现代词汇中的一部分。

　　这类虚词不仅单用,而且跟其他的词组成许多习用的词语。例如:

　　之——之上　之下　之中　之内　之外　之间　之前　之后

　　　　　之一　三分之一　之类　非常之大　总之　总而言之

　　以——以上　以下　以前　以后　以内　以外　以南　以北

　　　　　以往　以来　以至　以致　以求　以期　以使　以便

　　　　　以资　以免　以防　加以　用以　借以

　　　　　以……为……　给……以……　以……而论

　　所——所说　所见　所闻　所有　所谓

---

① “于”本来是一个单词,在这一些词里已经跟前面的动词、形容词粘附得很紧。

　　　有所……　无所……　为……所　被……所

而——不……而……　为……而奋斗

　　　不是……而是　除此而外

由此可以看出文言词语在现代汉语里仍然有它的作用。在某些文体里，如文学作品、政治文件等，文言词语的应用还是比较广泛的。

　　这里所说的文言词语跟上面所说的从古代承接下来的一般词汇不同。一般词汇是古今通用的普通词汇，无论书面上或口头上都要用它。至于这种文言词语则主要应用在书面语里，口语里一般不用。

　　在现代汉语里还有很多由古代传下来的文言成语，这也是文言词语的一部分。

　　总之，凡是能够丰富语言的表现力，在语言中有作用的东西，我们都应当吸收，至于古老的无用的陈词，我们就不宜采用。有人认为现在写文章不应当应用文言词语，把这些词都剔出去，这是不正确的。我们应当吸收古人语言中有生命的东西，但也要避免应用那种已经陈腐无用的词。

　　（二）外来词

　　一种语言往往从其他语言中吸收一些有用的词，这种词称为"外来词"，或称为"借词"。语言中的外来词是多种多样的。一般说来，其中以名词为最多，动词、形容词、副词之类较少。

　　现代汉语词汇里有很多外来词。有些是从古代传下来的，例如"蒲陶（葡萄）、师子（狮子）、目宿（苜蓿）、安石榴（石榴）"是汉代从西域传入的外来词。根据考证，"蒲陶、目宿"是大宛语，"师子"是古伊朗语。另外有些是印度佛教传入中国以后由梵语借来的，例如"佛、菩萨、罗汉、魔、塔、苹果、刹那、茉莉、玛瑙、颇梨（玻璃）"。这些都是时代比较早的可以考查出来的外来词。

现代汉语外来词中数量最多的词是 19 世纪以来从不同的语言中借用的词。19 世纪以来,西方资本主义国家的社会科学和自然科学陆续传到中国,汉语里也就增加了许多新的外来词。这种外来词大半是从英语借来的。其中有很大一部分是日本翻译西方科学著作时应用的汉字译名,我们直接从日本语吸取过来,没有改译。因为这些西洋词语既然有了现成的汉字译名,尽管日本语里汉字的读音跟汉语不同,但是并不妨碍汉字所表示的意义,所以我们也就采用了。虽然有些译法不够妥帖,有些译名当时也不统一,但流传既广,大家也就沿用了。例如:

有机	无机	本能	性能	联想	观念	概念	现象	具体
抽象	主观	客观	综合	分析	积极	消极	经济	文化
科学	美术	新闻	义务	绝对	相对	肯定	否定	比重
反应	领海	信号	毛细管	变压器				

这些几乎都是来自西洋、途经日本的外来词。假使由我们自己直接翻译,也许就不是这种样子了。当然随着这种外来词也传入了一些日本词语,例如"场合、场所、手续、见习、高炉、临床"等。

外来词的增多又与广泛地吸收外来的文化有关系。五四运动是中国文化史上的一个转折点。五四运动前后,无论哲学、经济、政治、历史、文学、艺术等哪一方面都有极大的发展,外国书籍的翻译一天比一天增多,借用到汉语里的外来词和国际通用的词也就多起来,例如"苏维埃、马克思主义、布尔什维克、俱乐部、托拉斯、毒瓦斯、浪漫主义"等等,多不胜举。我们从俄语里也吸收了一些非常需要的词语,例如"拖拉机、布拉吉"等等。汉语有了这些外来词和国际通用的词,汉语的词汇就更加丰富了。

现代汉语中的外来词,从翻译的方式来看,可以分为两类:

1.译音的:按照原词的读音用声音相同或相近的汉字对译过来。

例如：

磅	吨	打（一打）	听（一听）	沙发	卢布
卢比	苏维埃	咖啡	可可	柠檬	巧克力　安培
加路里	加仑	欧姆	伏特	瓦特	维他命
凡士林	阿斯匹林	盘尼西林	奥林匹克	布尔什维克	

2. 译音而又增加表义成分的：一个词，有一部分是音译，另外还加上一个汉字表示意义。例如：

卡车　　卡片　　啤酒　　拖拉机　　摩托车

法兰绒　霓虹灯　芭蕾舞　白兰地酒

这两类都是极普通的。至于"冰激凌"一词，"冰"是意译，"激凌"则是音译，这种情形是比较少见的。

在这里，我们应当注意有两类词不是外来词。一类是词形和读音是汉语固有的，只是增加了新义或改变了原义的词。例如"教授"是汉语里早就有的词，现在所说的"教授、助教"跟唐宋时代所说的"教授、助教"不同，但不是外来词。另外一类是根据外国词的意思，按照汉语的构词方式，用汉语的构词成分所创造出来的新词，也不能算是外来词，例如"面包、番茄、电话、马力、生产力、唯物论"等等。

汉语吸收其他语言中的词，译意是主要的办法。一则可以避免音节过多，一则使大家容易了解词义。译意的词当然不算外来词。其次是利用音兼义的办法，一半译音，一半增加上意义，如"卡车、法兰绒"之类。遇到不便于采用音兼义的形式的时候，才采用译音的办法。除了是专名或具有特殊意义的词以外，译音的词往往使用一个时期之后又产生了一个译意的新词来代替它。例如：

康拜因——联合机　　　　麦克风——扩音器

德律风——电话　　　　　水门汀——水泥

盘尼西林——青霉素

（三）方言词

汉语的方言很复杂，主要的大方言有北方话、江浙话、湖南话、江西话、客家话①、闽北话、闽南话、广东话8种。这几种方言除了普通话应用的词汇以外，还各有本地特有的词汇。这种只在某一方言区域内流行的词，我们称为"方言词"。

作为全民族共同语的普通话是以北方话为基础方言而形成的。这种方言分布的区域极广，包括东北、华北、西北的地区和西南各省以及汉口到南京的沿江一带。普通话的一般词汇虽然以基础方言北方话里所有的具有全民性的词汇为主，但还吸收了一些个别的方言词。有些是基础方言内部的一些特殊词，有些是基础方言以外的一些方言词，因为了解的人多了，应用得普遍起来，就变成为普通话词汇里面的一部分了。

例如"搞、晓得、里手、名堂"等都是四川、湖南的方言，现在已经成为一般都了解的通用词了。又如"尴尬、垃圾、货色、懊恼、龌龊、花头、把戏"等都是江浙话里的词，现在也成为普遍应用的词了。有些方言词用得并不普遍，但方言里应用这一个词的基本成分来构成的一些词却流行开来，变成普通话的词。例如"桌子"是普通话的词，"台子"是江浙话的词，"台子"应用得还不普遍，但是"写字台、台布"是用"台"构成的词，"写字台"和"台布"却成为普通话里面的词了。

另外还有一些词是普通话里已经有的，不过在个别方言里常常有某一种特殊的用法而是普通话里原来所没有的，这种特殊用法随着方言也渗透到普通话里来。例如"烧"，江浙话称"炒菜"叫"烧菜"，这种用法已经流行很广了。又如"烫"，江浙话管"熨衣服"叫"烫衣服"，这种

———————

① 客家话分布在江西、广东、广西和福建的西南部。

用法也逐渐普遍起来，又如"泡"，江浙话管"沏茶"叫"泡茶"，这也成为一般通用的话。诸如此类，也是一种吸收到普通话里面的方言成分。

方言是民族共同语的源泉。共同语的词汇不管如何丰富，也必然要不断地从方言里吸收新鲜的富有表现力的词。这种被吸收的方言词也必然是一般人已经广泛地使用着的词。如"垃圾、名堂、台布"之类。如果在普通话里可以找到一般应用的同义词，方言词就没有被吸收到普通话里来的必要，例如"今朝（今天）、月光（月亮）、马蹄（荸荠）"之类。在一般文学作品里尽管有时会应用到一些方言词语，但是我们要维护全民语言的规范，就应当避免滥用方言土语。

（四）专门用语

专门用语包括专门术语和行业语。

在不同的科学部门里都有一些专门术语，例如"原子、放射、溶解、酸性、游离、反射、地层、归纳、演绎、主题"等等。这些术语虽然属于专门知识的范围，但随着科学的普及，术语就变成全民语言内的东西了。

行业语是社会中某一行业应用的词汇。社会里的成员，因为职业的性质和生产的岗位不同，他们所用的与业务有关的词汇也就不同。

行业语虽然在社会中某一些人中间使用，但是它也有丰富全民共同语的作用。例如"车间、旋床、切削、高炉"是工业用语；"密植、保墒、复种"是农业用语；"手术、电疗、注射、透视"是医疗方面的用语；"排版、打样、纸型、字盘"是印刷上的用语；"讲授、辅导、作业、助学金、记分法"是教育上的用语；"兵种、特种兵、阵地、防线、前哨、纵队、主力舰、运动战"是军事上的用语；"空运、领航、超轴、乘务员"是交通上的用语；"蓝图、油毡、隔音板、下水道"是建筑方面的用语；"角色、扮演、化装、道具、演出、台词"是戏剧方面的用语。诸如此类，已经成为全民共同语词汇中的一部分了。

二　普通话词汇和方言词汇

研究现代汉语的词汇应当注意的方面是很广的。我们研究普通话的词汇往往牵涉到方言问题,对于方言词汇的情况就不能不注意。特别是为了促进汉语口语的统一,说方言的人对于普通话的词汇和方言词汇的分别更应当有明确的认识,以便很好地掌握普通话。

普通话的词汇跟方言的词汇最大的不同,在于普通话里的词通用的地方最广,具有极大的普遍性,并且是应用在书面上而为一般人都能理解的。方言里的词只流行于某一地区,不是普遍通行的,在书面上除了有特殊需要以外,一般是不大应用的。这就是说,普通话的词汇是全民的文学语言的词汇,而方言的词汇是个别地区所应用的比较特殊的词汇。

举例来说,"我、你、他"三个词,北方话和西南各省大多数方言都是这样说的,不过"我"有的地方读[uo],有的地方读[ŋo]或[ŋuo]①。"我、你、他"已经是普通话里面的词。至于其他方言区,就不完全如此。上海话说"[ŋu](我)、[noŋ](侬)、[ji](伊)",广州话说"[ŋo](我)、[nɵ](你)、[kʻœy](佢)",福州话说"[ŋuai](我)、[ny](汝)、[i](伊)",厦门话说"[gua](我)、[di](汝)、[i](伊)",客家话说"[ŋai](偃)、[n̠i](你)、[ki](其)"。"偃、侬、伊、汝、其"等都只流行在一个地区之内,没有"我、你、他"流行得那样广,所以这些都是特殊的方言词。

在一个方言区域之内并非大多数的词都跟普通话的词不相同,所不同的只是日常生活用语中的一部分。实词之外还有虚词,如介词、助

---

① "我"有的地方说"俺",或说"咱",或说"嗒",这里不详细列举。方括号内的注音是国际音标。

词和语气词等。例如"你的朋友住在什么地方"上海话说"侬个朋友住拉啥地方"，"他就要来了"上海话说"伊就要来快哉"，"不很难吧"广州话说"唔系几难啩"，"他在椅子上坐着呐"广州话说"佢喺张椅处坐紧呀"，"五天做得完吗"福州话说"五日做吓［ɛ］完吗"，"你跟他有来往吗"福州话说"汝共伊务来往毛"，"坐着、站着"湖北话说"坐倒、站倒"，"吃了饭"湖北京山说"吃达饭"，黄梅说"吃掉饭"。诸如此类，多多少少都有些不同。要学习普通话，除了注意实词一方面，也要注意这类的虚词和近于词尾的成分。

　　如果我们把方言词汇跟普通话词汇作一番比较，我们可以发现其间主要的差异有四点：

　　（一）意义相同而称谓或说法不同

　　这种例子很多。例如："太阳"很多地方称"日头"，湖北蒲圻说"日亮"；"月亮"广州话、客家话都说"月光"；"小孩儿"湖北和湖南有些地方说"小伢"或"细伢子"，有的地方说"小娃子"，江浙话说"小囡、小干"或"小人"，广州话说"细蚊仔"；"舌头"福州话说"嘴舌"，闽西客家话说"舌妈"，广州话说"脷"［lei］[①]；"肥皂"福州话说"胰皂"，广州话说"番枧"，临川话说"洋咸"；"煤油"上海话说"火油"，福州话说"洋油"，广州话说"火水"；"脸"广州话说"面"，上海话说"面孔"；"鼻子"上海话说"鼻头"，广州话说"鼻哥"，闽西客家话说"鼻公"；"苍蝇"广州话说"乌蝇"，厦门话说"胡蝇"。类似这种同实异名的情形很多。有些方言词是很特殊的，例如广州话称"近来"叫"呢排"，"从前"叫"大早"，"现在"叫"而家"［i ka］，"绸缎"叫"丝发"，"理发"叫"飞发"，"什么"叫"乜野"［mat ie］，"麻烦"叫"巴闭"［pa pai］，"荸荠"叫"马蹄"；福州话、厦门话称"屋

――――――――――
[①] "舌"跟折本的"折"同音，商业蚀本叫"折"，因为讳言"折"，所以广州把"舌"称为"脷"，"脷、利"同音。犹如讳言"干"，而把"肝"称为"膶"，"膶、润"同音。

叫"厝"，"信"（一封信）叫"批"，"眼泪"叫"目滓"，"站"叫"企"[①]；福州话称"馄饨"叫"扁肉"，"胳膊"叫"手腿"，"妈"叫"依奶"，"轮船"叫"车船"。这些都是一般人不容易听得懂的。

再则，每一种方言对于某些意思都有一些个别的说法，这些说法跟普通话的用词往往不同。例如：

陕西话"看见、听见"说"看着、听着"，"水开了"说"水煎了"，"我的年纪跟他一样"说"我的年纪连他一样"，"好得很、快得很"说"好的太，快的太"，"摘下帽子来"说"卸下帽子来"。

四川话"没有"说"没得"，"不要说谎话"说"莫扯谎"，"有多少"说"有好多"，"没有钱用"说"没得钱使"，"他反正不给你"说"他红黑不拿给你"，"跑不掉"说"跑不脱"，"淋湿了"说"打湿了"，"摸不着头脑"说"摸不到头尾"，"不能更改"说"没得更改"，"说定了"说"说归一了"。

其他方言也如此。例如"喝茶"，江浙话说"吃茶"，广州话说"饮茶"，福州话和闽西客家话说"食茶"；"下雨"上海话、广州话、厦门话都说"落雨"，客家话说"落水"；"很好"江浙话说"蛮好"，广州话说"好好"，福州话说"尽好"；"行不行"广州话说"得唔得"。在量词方面，各处方言也不完全一致，例如"一个瓜"江浙话说"一只瓜"，"一件事"江浙话常常说"一桩事体"，"一张桌子"厦门话说"一只桌"，"一道墙"福州话说"一块墙"，"一匹马"厦门话说"一只马"，闽西客家话说"一头马"，"一个人"陕西、四川有的地方说"一块人"，湖南西部有的地方说"一条人"。我们要比较方言和普通话词汇的异同，这方面也不能不注意。

（二）同一个词而语音不同

汉语方言在语音上分歧很大，同一个词而各处读音不同是很普通

[①] 广州话、湖北麻城话"站"也叫"企"。

的事情。例如"我"（wǒ）有的地方说 ngo，"太阳"江西西部和湖南南部有的地方说"大阳"，"虹"（hóng）北方口语里有的地方说 gàng，有的地方说 jiàng，"鸟"（niǎo）南方很多地方说 diǎo，"矛盾"（máodùn）南方很多地方说 máoshǔn。这些都是大家知道的一些例子。有些词可能大家不留意而以为是两个词的。例如"眼眵"（chī）①，北方口语说"眵模糊"、南方说"眼矢（屎）"，"眼矢"实际就是"眼眵"，只是声音略有改变而已。量一个尺度或做一个大小的样子，北方话说"制子"（zhìzi），而四川话说"则子"，语音不同，仿佛是两种说法，其实不是。像这种情形，研究现代汉语普通话词汇和方言词汇的人不能不注意。

　　另外有些词在方言里有两种不同的音，如果从词源上来看仍然是一个来源。例如鸡孵卵，有些方言说 fū（伏），有些方言说 bào（抱、菢），"伏"跟"抱"原来是一个词，由于方音的改变而分化成为两个同义词了②。洗米的"洗"，北方说 tóu，江浙说［dɔ］（淘米），tóu 实际就是［dɔ］，tóu 这个词在北方应用的范围比较广，跟"淘米"的"淘"语音不同，因此也就分别为两个词了。这种例子涉及到词源学，这里不多谈，但足以说明方言同义词在语音上的关系。

　　（三）同一个语词，在方言里和普通话里含义的广狭不同，在某一种用法上是一样的，可是在另外一种用法上就不一样了

　　例如身躯健壮各处都说"壮"，河北、陕西、四川有的地方称田地肥沃也说"壮"，而一般只说"肥"，不说"壮"。人长得肥胖，一般称"胖"，吃的肉类脂肪多，一般叫"肥"，但广州厦门称人胖和肉肥都叫"肥"，"肥"的用法就广泛一些。"叫唤"一般是指鸟和畜类发出声音来，而东北称

---

① 眵，《广韵》支韵叱支切，训"目汁凝也"。
② 古书里"伏牺"也写作"庖牺"，就是同样的一个例子。汉扬雄《方言》卷八说："北燕朝鲜洌水之间谓伏鸡曰抱。"可见"抱"这个词在汉代就已经有了。

小孩子啼哭也说"叫唤"。"汤"一般是指菜汤、面汤而言,但福州称热水都叫"汤",所以"洗澡"叫"洗汤"①。"面"北方指面粉和用面做成的面条之类来说的,而南方则专指面条而言。"快"是快慢的"快",刀刃锋利也叫"快",但广州福州称刀快叫"利","刀很快",广州说"刀好利",福州说"刀尽利"②。"爱"广东梅县客家话有"爱"和"要"两种意思,"我爱祖国"是一般所说"爱"的意思,"我唔爱去",是"我不要去"的意思,跟普通话所说的"我不爱去"的意思不同。像这样的例子还很多。我们要了解方言词汇和普通话词汇的异同,单单从字面上对照是不成的,必须要注意一个词在语言里实际应用的意义才行。

(四)同一个词所指的实际事物不同

这种可以称为同名异实。例如"馄饨"跟"饺子"是两种做法相似的食品,但并不完全相同,闽西客家话和湖北话把"馄饨"称为"饺子",外省人听了就常常弄错。福建和湖南把用大米粉做成的面条叫"米粉",但北方话指用大米磨成的粉末叫"米粉"。北方说的"白薯"湖南称为"红薯",湖南南部所说的"白薯",却是北方所说的"山药"。名称虽同,而所指的实物不同。更特别的是福州称"笛"为"箫",而称"箫"为"笛",跟普通话恰恰相反。福州称"茄子"为"紫菜",称"奶奶"(祖母)为"妈",称"害怕"为"惊";广州称"小"为"细",称"盘"为"碟",称"咽"为"吞",称"哭"为"喊",称"跑"为"走"③,称"闭眼"为"眯眼"。诸如此类,都跟普通话不同。说方言的人要学习普通话,在这一方面需要特别留意,否则在谈话时很可能发生误解。

方言词汇和普通话词汇的差别主要有这样几方面。这是就两者相

---

① 古人说"冬日饮汤","汤"都是指热水而言,福州话还保存这个古义。

② 古人说"利刃、利剑","利"就是"锋利"的意思。广州、福州话保存了这个意义。

③ 刘熙《释名》:"疾趋曰走。"广州话还保存这个古义。

关的词来说的。当然方言里所有的词在普通话里并非个个都有相应的词。为了促进汉语规范化,我们应该用普通话里已经有的而且在书面上普遍应用的词,不宜采用个别的方言词来代替,但是各个方言里都有很多生动而富有表现力的词还应当吸收到普通话里来。因此,对于方言词汇我们绝不能忽视而不加以研究。方言口语中的词汇就是文学语言丰富的源泉之一,这是人所共知的。同时各个方言之间的关系跟各个方言与普通话之间的关系也是非常错综的,深入地研究方言词汇才能够充分地了解这些关系。了解了这些关系,才能了解现代汉民族语言的全貌。

方言是全民语言在历史发展中所形成的结果。每个方言都曾经互相影响,互相吸收,由差异很大而变得差异较少,在整个全民共同语的建立上都起过相当大的作用。但是由于语言本身的稳固性,各个方言中都保存了一些特殊的东西,这也是必然的。以前研究方言,单纯注意语音一方面是片面的,词汇、语法的研究应当说和语音同样重要。有些方言保存了很多的古语词,对于我们了解古代汉语的词汇和词义都有很大的帮助,例如厦门话、广州话、客家话就是如此。

以厦门话为例。厦门话称"黑"叫"乌",称"狗叫"叫"狗吠","虎叫"叫"虎哮","擦"叫"拭","晒"叫"曝","没有"叫"无","住"叫"滞","站"叫"企","书"叫"册","烟"叫"熏"。说"如此"是"焉尔",表示反问的语气词是"乎"。这都是古代文学语言(书面语)中的一些词,仍然存在厦门的口语里。广州话也同样保存了一些古语词,如"吃"叫"食","喝"叫"饮","穿"(穿衣)叫"着","看"叫"睇","给"叫"畀","晚"(不早)叫"晏","量尺寸"叫"度","皮包"叫"皮箧","多少"叫"几多","最好"叫"至好"。这些都与古代汉语有联系。

另外,方言词汇在构词法上也有值得我们注意的地方。例如:

1. 表示动物的性别,在普通话里一般用"公"或"母"加在动物名称的前面①,例如"公鸡、母鸡",但在方言里有把表示性别的成分放在动物名称后面的。例如四川、湖南说"鸡公、鸡婆",广州说"鸡公、鸡乸[nɑ];猪公、猪乸",福州厦门说"牛公、牛母",闽西客家话说"牛牯、牛妈;鸭公、鸭妈;猪哥、猪妈"等,都是把标志性别的成分放在后面。

2. 普通话里名词有一部分是带"子、儿、头"的,南方方言里带"儿"的不多。表示小的意思在广州、厦门和客家话里一般都用"仔"[tsɑi]②。广州话说"刀仔、屋仔、石仔",北京话要说"小刀儿、小屋儿、小石头子儿"。厦门话里还有些词带有"仔",跟北京话的"儿化词"相似,例如"薄薄仔、一会仔、远远仔、慢慢仔"。

3. 普通话里名词如"年年、人人"那样一种叠音的形式不多,但在陕西、四川和湖南北部,两音重叠的名词就比较多,例如"盆盆儿、饼饼儿、坡坡儿、帽帽儿、盒盒儿、(打个)圈圈儿"等等。这种词末尾的一个音节一般都是儿化的,就意义上来说都表示小的意思③。

4. 方言里在构词上有些成分用得比较广泛,形成特殊的风格色彩。例如北方话里的"稀烂、稀糟、稀碎;精湿、精薄、精瘦;死沉、死紧、死硬"之类,"稀、精、死"都有"很"的意思。又如"窄巴、紧巴、干巴、皱巴",加"巴"表示不好的意思。又如"拍打、跳打、蹦打、摔打"加"打"表示动作的反复。研究方言词汇的人对这些都不能放过。其中有些流行较广的,已经为普通话所吸收,我们要了解它的词义,也必须把这种同类的方言材料放在一起比较,才能认识得更清楚。

---

① 表示动物的性别有些专门的词,不在本文讨论范围之内。如"叫驴(公)、草驴(母)、儿马(公)、骒马(母)、牯(公牛)、牸(母牛)"等等。

② "仔"的用法很多。有的跟普通话的"子"一样,如"金仔、矮仔(矮的人)";有的跟"崽"一样,如广州话"猪仔、狗仔"。

③ 普通话的名词重叠后具有"每"的意思,如"年年"指每一年,有些方言并不如此。

　　目前关于方言词汇我们还缺乏有系统的全面的研究,我们必须在这一方面多做一些工作,才能更好地了解现代汉语的全貌。

三　现代汉语中的成语

　　现代汉语词汇中还包括大量的成语。

　　成语就是人民口里多少年来习用的定型的词组或短句。其中大部分都是从古代文学语言中当作一个意义完整的单位承继下来的。它的意思可以用现代语来解说,但是结构不一定能跟现代语法相合,例如"责无旁贷、义不容辞"。成语的结构是固定的,一般都是四个字,它是相沿已久、约定俗成的具有完整性的东西,所以称为"成语"。

　　成语不但有固定的结构形式,而且有固定的说法。"去伪存真"不能说"去假存真","南辕北辙"不能说"东辕西辙"。因为是约定俗成的,所以不能随便更换①。成语中应用的词有时跟现代语不同。也许某一个词在现代语里不这样说;也许成语中用的是一个单音词,而在现代语里跟它意义相当的是个多音词。例如"别无长物",用现代语来解说,就相当于"再没有多余的东西","长"这一个词的这种用法现在不存在了。例如"有备无患","备"用现代语来解说是"准备","患"用现代语来解说是"后患"或者"祸患"。这都表明成语是语言中已经定型了的东西,相承沿用,所以在用词方面有许多跟现代语不同。

　　成语的来源有两方面:一方面是从书本上来的,一方面是从口语里传下来的。从书本上来的又有两类:一类是从古代寓言或历史故事里来的成语,一类是古典作品中的成句。

①　有的成语出自古书,文字比较冷僻,现在也有改换另外一个同义词的。如"揠(yà)苗助长"现在也说"拔苗助长"。

　　从寓言和故事里来的成语,可以说是一种"典故",其中都有具体的内容,而且大都可以在书中找到它的出处。"典故"本来不是人人都知道的,可是这种带有典故性质的成语比较通俗,已经是常说的话,因此大家也都熟悉了。例如"狐假虎威"出于《战国策·楚策》;"负荆请罪"是战国时赵国廉颇的故事,见于《史记·廉颇蔺相如列传》;"草木皆兵"是晋朝苻坚的故事,见于《晋书·苻坚载记》。

　　出于古典作品中的成句,有些是由古书中摘取来的原句,有些是经过节缩而成的。例如"好为人师"见于《孟子》,《孟子·离娄上》说"人之患在好为人师";"削足适履"见于《淮南子》,《淮南子·说林篇》说"夫所以养而害所养,譬犹削足而适履,杀头而便冠";"一鼓作气"见于《左传·庄公十年》,鲁国曹刿对鲁庄公说:"夫战,勇气也,一鼓作气,再而衰,三而竭。彼竭我盈,故克之。"这些成语都是从古书上取来的原句,意思跟原来的相同,没有什么改变。从古书上取来的成句也有少数比喻的用法。例如《荀子·劝学篇》说:"学不可以已,青取之于蓝,而青于蓝。"后人称学生胜于先生叫"青出于蓝",就是一种比喻的用法。又如苏轼《赤壁赋》说:"山高月小,水落石出。""水落石出"原文只是写景,后人用来比喻事情的真相终得暴露,这就跟原来的意思不同了。至于摘取古书原句而加以节缩的成语,如《孟子·离娄下》说:"资之深,则取之左右逢其源。"现在管为学无往而不自得叫"左右逢源"。又如《史记·汲黯列传》说:"陛下用群臣,如积薪耳,后来者居上。"现在管后辈超越前辈叫"后来居上"。像这种节缩前人成句的成语是很多的。

　　至于人民口头相沿习用的成语,数量也不少。其中有的来源很早,从古代一直流传下来。例如后魏贾思勰《齐民要术》卷三《种苜蓿》条说:"此物长生,种者一劳永逸。""一劳永逸"就是当时的成语,现在还活在人民的口里。又如北齐颜之推的《颜氏家训·勉学篇》说:"江南闾里间士大夫或不学问,羞为鄙朴,道听途说,强事饰辞。"“道听途说”也是当时的成语,现在依然沿用。其他如“叠床架屋、雪中送炭、锦上添花、水到渠成、人云亦云、节上生枝(也说‘节外生枝’)”等等,都是宋代以来人民口里常说的话。有的在民间文学作品里常常遇见,有的仅在口头流传,不见记载。这种成语非常生动活泼,很值得我们注意。

从前的人对于探求成语的来源,做了很多有价值的工作,不过有些成语很难找到出处。即便找到它的出处,有时未必是第一次出现,可能还有更早的出处。例如“吹毛求疵”辞典上一般都举《汉书·中山靖王传》“有司吹毛求疵”为出典,可是在《韩非子》里已经有“不吹毛而求小疵,不洗垢而察难知”的话,这应当是更早的出典。由此可见,要追究一个成语的来源是很烦难的事。另外有一种情形是:有些成语很难说它一定就是从书本上来的。例如“满城风雨”是一个成语,一般以为是从宋潘大临的诗句“满城风雨近重阳”来的(潘诗见僧惠洪《冷斋夜话》),但事实未必如此。现在把一件事闹得人人皆知叫做“满城风雨”,也许别有来源,也许根本不是从书本上来的。因此我们应当有这样的认识:辞典上指出的某一成语的出处,有时只可以作为一个用例来看待,不能都一律认为它就是成语最早的来源。

成语一般都是四个字,但是它的结构形式则有种种不同。例如“名副其实、冷眼旁观、所得无几、各尽所能”都是一个主谓结构,具备主语和谓语。例如“好为人师、莫衷一是、视为畏途、锦上添花、雪中送炭”都是动宾结构,本身没有主语。有些是两个主谓结构结合在一起的,如“天翻地复、水落石出、日暮途穷、风流云散”。有些是两个动宾结构结合在一起的,如“提纲挈领、循规蹈矩、闭目塞聪、养精蓄锐、说长道短、吹毛求疵、知己知彼”。另外还有其他样式的联合结构,如“欢天喜地、奇形怪状、粗心大意、乌烟瘴气、南辕北辙、百折不挠、层出不穷、畏缩不前”。

诸如此类,形式各有不同。还有些成语是不能用现代语法来分析的,特别是节缩而成的成语,如"一叶知秋"之类。

从修辞方面来看,成语中词与词在意义上的联系也有值得注意的地方。比如上面所说的"提纲挈领、养精蓄锐"两个成语,其中一、三两个词是意义相近的词,二、四两个词也是意义相近的词,"提纲"与"挈领"意义相同,"养精"和"蓄锐"意义相近,前后一致,形成一种相互对照的关系。又如"说长道短、欢天喜地"两个成语,其中一、三两个词是同义词,二、四两个词则是反义词,虽然是反义词,可是仍然是意思相关的,这又是一种组成的格式。有些成语是用"不……而……"的格式组成的,如"不期而遇、不寒而栗、不劳而获、不谋而合、不约而同、不言而喻、不期然而然"等等,都是对照的说法。还有些成语是表明事物或行为的数量的。例如"一暴十寒、一日千里、九牛一毛、九死一生",都是多少悬殊的对比。又如"三言两语、一知半解"是言其少,"三番五次、四通八达"则言其多,其中二四两个词是同义词。至于"七手八脚、七拼八凑"则表示胡乱没有次序,"三翻四复、颠三倒四",即表示屡次反复,着重的意思又有不同。在这种成语里,数词的地位都是固定的,不能改换。

以上仅仅是举例的性质,目的在于说明我们要对成语了解得透彻一些,必须注意到它的结构形式和词与词在意义上的联系。有些问题与古代语的研究有关,在这里就不多谈。

成语是语言中固定的词组,它代表一个完整的意思,所以在句子里多半作为一个成分来用,它的作用常常等于一个词。这是就成语在句法上的作用来讲的。

如果从修辞的角度来看,成语的作用就在于能够用简单的词句说明一件事实或比喻一种形象,而达到言简意赅、生动有力的目的。当然,不用成语也未尝不可以把意思表达清楚,但是有时应用成语可以使别人听了更感觉透辟精当,并且得到更深刻的认识。

成语是语言中比较特殊的东西。要掌握成语,必须平时留心,认真学习。可是成语的范围很广,应当学习哪些成语是一个先决问题。我们要学习成语,并非要把一些陈旧的不合乎现实的东西都搬出来死记死用,而是要吸取成语中生动活泼具有生命的东西加以充分地合理地利用。我们不是要炫耀自己的博闻强记,不是有意雕章琢句。我们应用成语的目的是要用它来把意思表达得更明确更生动,所以一定要选择大家所熟悉的成语,而且一定要使它能为作品的内容服务。因此古典作品中的一些陈腐的冷僻的成语绝不是我们学习的对象。

成语要用得恰当,就必须真正了解一个个成语的实际意义和具体用法,绝不是笼统地知道某一个成语的含义就完了,还必须做到以下两点。

(一)了解成语中每一个字的意义

例如"焕然一新"的"焕"、"不寒而栗"的"栗"、"汗流浃背"的"浃"、"莫衷一是"的"衷"、"无稽之谈"的"稽"、"既往不咎"的"咎"、"三令五申"的"申"、"措手不及"的"措",都是现代汉语中不用的词,不明了它的音义,往往会把字写错,把意思弄错。充分利用辞典来解决这一方面的问题是必要的。

(二)注意成语的用法

用法主要指的是某一个成语一般是针对什么事情说的,它所比喻的对象是哪一类的事物。这些千万不要弄错。例如在学生写作中曾经说某人对他的关怀"无所不至","无所不至"用得很不妥当,在这里应当用"无微不至"。"无所不至"见《礼记·大学》,《大学》说:"小人闲居为不善,无所不至。""无所不至"和"无微不至"有褒贬之分,不应混淆。还有"水深火热"是指人民在剥削阶级残酷统治之下的极端困苦的生活。

"孤注一掷"是指在军事上盲目进行绝无把握的决战。这些都不能不分场合地乱用。假如我们在读书的时候不注意成语的用法,到了用的时候就可能用错,甚至闹出笑话来。特别是成语中有很多是一种比喻之辞,如"胶柱鼓瑟、畏首畏尾、捉襟见肘、浮光掠影"之类,如果不知道它是比喻什么事情的,是怎样的用法,用起来就不免张冠李戴,莫名其妙。

四　现代汉语词汇在风格上的多样性

语言里的词具有不同的风格是从两方面来看的:一方面看词所带的感情色彩,一方面看词在语言中的使用情况。

语言里的词并非都在词汇意义或语法意义之外带有特殊的风格色彩——感情色彩或文体上使用的色彩,例如"树、房子、吃、看"等等就没有什么色彩。但是有很多词是带有特殊色彩的,我们很容易看到的,就是感情色彩。感情色彩可以有种种不同。或表示热情,或表示不愉快,或表示亲切,或表示有礼貌,或表示轻视和讽刺,甚或表示咒骂。

例如说"爱"跟"热爱"不同,后者带有热情,说"白"跟"惨白"不同,后者带有不愉快的情绪。又如说"战友、小朋友、小伙子"之类都带有亲切的意味,"先生们、女士们、阁下、贵宾"之类都表示有礼貌,"瞎说、废物、懒汉"之类都表示轻视,"老爷、嘴脸"等则带有强烈的讽刺意味,至于"家伙、坏蛋"之类就是咒骂了。假如我们把"小朋友"跟"小孩子"相比,"贵宾"跟"客人"相比,"嘴脸"跟"面孔"相比,就会发现词在情味上有不同。

还有很多词是带有隆重庄严的意味的。这与表示尊重、恭敬、严肃等的情感有关,也是带有感情色彩的一方面。例如:

祖国　旗帜　英勇　卓越　爱戴　宣告　宣读　制止

　　捍卫　　宏伟　　会见　　承担　　严正　　诞辰　　逝世

这些词无论应用在口头语言里或书面语言里都带有一种庄严典重的色彩。

　　词的风格不同,除了从感情色彩来看以外,还要从词在语言中的使用情况来看。有些词是口语和书面语通用的,有些只适用于口语,有些只适用于书面语。口头和书面共同应用的词自然谈不上风格色彩有什么不同,但是口语和书面语分别使用的词就有了体裁上的区别。我们也明明知道口语词和书面语词之间本来很难分出明确的界限,但是那些通常只适用于口语或只适用于书面语里的词仍然有分别的必要。我们可以选出一些词来比较一下:

　　脑袋(头)　　　　个子(身材)　　　吓唬(恐吓)

　　法子(办法)　　　搁(放)　　　　　瞧(看)

这些词都是普通话里常说的,我们可以清楚地看到括号里的词是口语和书面语里通用的,而列在前面的词经常用于口语。如果我们把这些口语词用在一段话里跟把括号里的词用在一段话里,就看出其间风格是不一样的。通常应用在口头上的词就不宜于成篇大套地应用在书面上。这种词我们可以称之为"口语词汇"①。

　　反过来我们也看到有很多词经常用于书面。例如"无、将、未、乘(车)、观看、追溯、滞留、爽适、屏除、倾慕、艰困、谋取"之类多半都应用在书面上,在口语里通常是不用的。凡是专用在书面上的词汇我们可以称之为"书面语词汇"。

　　口语跟书面语所表现的风格是不一样的,口语,特别是日常谈话式的语句,总是随便一些,而书面语总是庄严典重一些。在同义词当中,一

---

① 书面语并非绝对排斥口语词汇,但是书面语中不能尽用口语词,特别是在论文里。

般日常谈话中所应用的词常常是单音节的词,而在书面形式中所应用的词往往是双音节的词。例如口语说"分不清",书面语有时也这样说,有时就说"分辨不清"。有时书面上也可以应用一些属于文言成分的词,例如"已经"说"已","没有"说"无"、说"未",而在口语中只说"已经",说"没有"。由此可见口语形式和书面形式在用词上是有些差别的。

特别是在文学作品里有大量的书面语词汇。例如:

原野　辽阔　荡漾　宽广　绮丽　崎岖　漫长　闪烁

苍茫　沉寂　纤细　微弱　飞翔　震撼　枯萎　畏怯

阴郁　宁静　岁月　风霜　蜷伏　蠕动　凝视

这种词在日常谈话里是不多用的。应用在书面上就具有特殊的色彩。

书面语词汇中还包括科学论著里的专门词汇和公文函件里的特殊词。科学术语总是有精确的含义的,公文用语则是语言词汇中的特殊部分。例如:

签报　批复　事由　审核　签发

下达　呈报　附件　查阅　批示

这些词跟科学术语虽然都不带什么感情色彩,但应用在一定的体裁里也就显出特有的风格。

汉语的词汇是非常丰富的,我们用词造句的时候,或用这个,或用那个,那就是修辞的手段。怎样选择,自然要随说话的目的、任务、内容和语言的环境以及听话或阅读的对象而定,这就得重视词在连续的语句中所显示的风格色彩。

风格是指从语言实际应用中所表现出来的修辞色彩来说的。不同的词具有不同的风格是有一定的社会性的。风格学所要研究的就是带有不同色彩的形式(包括词、词组和句法)在使用上的规律性。我们了解了词在使用上的不同风格,在运用语言表达思想感情的时候就可以最恰当地选择我们所需要的词。

风格学还是我们研究语言的一个新的课题,在这里只能粗疏地谈这些。

五　现代汉语词汇的变化和发展

语言是跟人的一切活动直接联系着的。社会不断地发展,人的生活不断地有所改变,为了适应需要,语言的词汇必然有扩充,有变化。新的事物和新的现象出现了,如果语言中原来没有合适的词来表示,就需要创造新词;人对于外界事物和现象的认识加深了,在人的意识中产生了新的思想、新的概念,也必须用一个恰当的词来表示它;如果不造新词而利用已有的词,就要在已有的词的词义基础上赋予新义,于是有些词的意义就有了新的发展。所以词汇几乎处在经常变动中,它对于社会中的各种变化是最敏感的。唯其我们有了丰富的不断发展的词汇,才使得思维能够将现实的事物和现象以及事物之间和现象之间的复杂的关系反映出来。

现代汉语从五四运动以来无论是词汇或语法都有一些发展,词汇的发展变化更大。有些旧词因为与新社会的精神、道德和经济、文化不相适合而消失掉了,有些词的意义和用法有了新的发展,更重要的是产生了大批的新词,使汉语的词汇更加一天比一天丰富。

旧词的消失并不如新词的产生那样快,消失的数量也不能如新词那样多。在我们生活中消失得比较快的词主要是那种已经过时的词和不符合新社会的精神面貌的词。

例如中国过去处于半封建半殖民地的地位,帝国主义国家从各方面侵略中国,在中国享受种种特权,如"租界、工部局、巡捕"等等,正是这种事实的反映。但自从中国人民革命胜利以后,帝国主义在中国的特权连根给拔掉了,"租界、工部局、巡捕"等等都不存在了,这一类的词也就变成历史性的词了。

在旧社会的生产关系和经济情况之下有"掌柜、老板、东家、中人、当铺、钱庄、佣钱、小费、回扣、暗盘"等一类的词,但在新中国建立以后,经过一系列的社会改革,这些词也就废弃不用了。

还有,在旧社会里有权阶级对于劳动人民是轻视的,像"听差、仆人、下人、底下人"等词就充分反映了这种思想意识。但是,在今天,社会起了根本的变化。这类词也就很快地消失掉。

旧词的消失当然不限于这些,除此以外还有不少的词因为另有更恰当的词可用而逐渐废弃不用。例如不用"厘定"而用"修订",不用"关饷"而用"发薪",不用"拢货"而用"盘货",不用"名分"而用"名义",不用"供职"而用"服务",诸如此类很多。

现代汉语词汇的变化还表现在词义的新的发展一方面。词义的发展有种种不同的情况。概括来讲,可以分为两类:一类是现在使用的意义跟原义不同,一类是在原义之外增加了新义。这在第二讲中《词义的演变》一节内已经提到了。

现在使用的意义跟原义不同的,例如"检讨"一词,从前指对某个问题或学说的检查研讨而言,但是现在指检查思想或工作所进行的严格的自我批评而言,跟解放以前应用的意义大大不同了[1]。又如"信心"一词,从前指对宗教的信仰而言,但是现在指自信心而言(例如"我们有信心提前完成任务"),这就跟以前的应用意义不同了。这种以新义代替旧义的例子并不很多,比较多的是在原义之外又增加了新义这一类。

----

[1] 这里所谈的词义的改变,专就现代而言,并不涉及古代。

在原义之外又增加了新义的词，并不是说原义一定就不用了，有好些词的原义是仍旧保留的。意义的增多是词义发展中最常见的事实。例如：

　　单位　原义是计算物体的轻重、长短及数量的标准量；现在机关中各个工作部门也叫单位

　　业务　原指职业上的事务而言，一般应用于商业上；现在属于学术性的知识或所从事的专业也叫业务

　　节目　原指文章的章节项目；现在音乐会或歌舞戏剧的表演项目也叫节目

　　战线　原指军队作战的阵线；现在也用来指政治、经济、文化各种斗争的战线，如"思想战线、文化战线"

　　一定　原义是准确、必然；现在说"在一定的程度上"或者说"取得一定的成绩"，"一定"就有"相当"或"某种、某些"的意思

　　基本　原义是"根本"的意思；现在说"基本上完成了"并非"根本完成了"，"基本"是主要的和绝大部分的意思，这是新有的意义

　　坦白　原义是"坦率"的意思，指人的胸襟坦荡无私，是形容词；现在一个人说出自己的思想或行为的真实情况叫坦白，用为动词

　　恐慌　原义是指人的内心害怕慌张；现在说"资本主义国家常常发生经济恐慌"，"恐慌"是指社会经济不安的状态，跟"危机"的意思相近

　　这种在原义之外又产生新义的词很多。我们在第二讲里曾经指出"词义的扩大是汉语词义发展和改变的主要方面"，也正是根据这种事实来说的。

　　另外我们还应当注意到在词的用法方面也同样有一些新的发展。比较突出的是词性的改变。例如"标志、武装"都是名词，现在也可以

作动词用,如"标志着发展的方向、用马克思列宁主义武装起来"。"丰富、端正、密切、孤立、健全、粉碎"等等都是形容词,可是现在也作动词用,如"丰富我们的知识、端正学习的态度、密切了各方面的关系、孤立了敌人、健全我们的政治生活、粉碎敌人的阴谋"等已经是通行的说法了①。

现代汉语词汇中最重要的变化是新的词语的产生。新中国成立以后,经过经济恢复时期,很快地就走上了社会主义建设的道路,随着工业和农业的蓬勃发展,文化和科学技术的不断提高,新的词语也就适应着社会的需要大量增多起来。这些新词表现着新的生产关系,劳动关系和新的共产主义道德,新的意识形态。

一个词我们说它是新词,由于它所代表的概念是新的,同时它的形式也是新的,在语言词汇中原来没有这样形式的一个词,这个词当然是新的。假如一个词是原有的词,仅仅赋予新义,与原来的意义仍然有关系,这样一个词就不能算是新词。例如上面所说的"检讨"一词,旧义尽管不用了,可是新义是从原义发展而来的,并非另造一词,那就不能称为新词。

有时我们会遇到这样一些词:它所代表的概念是新的,而它的形式跟语言中曾经有过的一个词的形式相同。这样的词是不是新词呢? 那就要从这样的词的产生的历史来看。例如"经济"一词,是从日本传入的词,虽然在形式上跟古代汉语中所说的"经济之道"的"经济"相同,但是毫无关涉②。古人所说的"经济"是"经国济世"的缩语,跟现在说的"经济"完全是两回事,我们不能因为形式上相同就认为"经济"是一个旧词。又如"仪表"这样一个词是很早就有、现在仍在应用的一个词,

---

① 形容词作动词来用,也称为"使动词"。这种用法在古典著作里比较多。例如《孟子·告子下》:"天将降大任于是人也,必先苦其心志,劳其筋骨,饿其体肤,空乏其身。"《老子·安民》:"虚其心,实其腹,弱其志,强其骨。"但在现代汉语里这种用法并不多。

② "经济之道"见《文中子·礼乐篇》。

指人的容态而言①，但是现在称科学上所用的仪器和测量的器具为"仪表"，跟原有的"仪表"一词形式完全相同，但在意义上彼此没有任何的联系，这样的词当然是一个新词。因此我们要把新词跟旧词而赋予新义的词区别开。

　　新词的性质我们认识清楚了，然后需要看一个新词是怎样创造出来的。新词的构成，不是凭空创造出来的，新词是在语言原有词汇的基础上产生的。新词的概念和形式尽管都是新的，可是用以构成新词的语言材料必然是语言里固有的东西。新词的构造一定要跟语言发展的内部规律相合，要按照语言中已经确定的那些形式来构成。

　　例如"品种"是一个新词，"品"和"种"都是语言中原有的东西，是两个意义相近的成分合成的，这种构成的方式是汉语构词的类型中常见的一种方式，它跟"品类"的意义相近，而且构词的方式一样，所以加入到语言里并不感觉它怎样特殊。但事实上它是一个新词。又如"优越性"是一个新词，它的构成的成分是"优越"和"性"，"优越"是语言中原有的一个形容词，现在在"优越"后面加上一个造词成分"性"，就成为一个新有的名词了。这种构词的方法也是现代汉语构词法中习用的一种方式。由此可见新词的创造总是以固有的语言传统作为根据的。离开自己语言的固有的传统是不能创造新词的。除非是译音的外来词。

　　现代汉语中所产生的新词都是多音词。这里面又可以分为两类：一类是用汉语原有的根词按照一定的构词形式创造的新词；一类是译音的外来词。

　　汉语构词的形式是多种多样的，在新词的构造中也充分地反映了

---

① "仪表"一词在古代汉语里有两个意思：一个是称人的容态，例如《诗经·硕人》"硕人其颀"，郑玄笺云："硕，大也。言庄姜仪表长丽俊好颀颀然。"另一个意思是"法则"，例如《淮南子·主术》"行为仪表于天下"，高诱注云："为天下人所法则也。"后一个意思现在已不用了。

这种情况。一般说来,有两种类型:一种是用同样重要的基本成分构成的;一种是用基本成分和辅助成分构成的。例如:

1. 潜力　边区　工地　作风　车间　兵种　限额　守则　教条
   热情　绿肥　高度　稳步　集体　多次　自流　重型　深入
2. 部门　环节　教学　阵营　品质　壮大　切削　扩展　清洗
   叫嚣　节约　镇压　勘探　医疗　联系　给予　争取　批判
3. 动员　整风　跃进　护航　分洪　超额
4. 建军节　通信网　互助组　合作社　大字报
   运动战　文化馆　招待会　风景区　试验田
   福利费　流转额　水电站　喷气式

这些词都是近年来产生的新词,都是用同样重要的基本成分构成的。

由基本成分和辅助成分构成的词,为数并不十分多,主要集中在下面几个造词成分上:

者——工作者　创造者　被压迫者

性——思想性　艺术性　优越性　创造性
　　　系统性　代表性　积极性　决定性

化——工业化　工农化　现代化　集体化
　　　机械化　正常化　具体化　电气化

"者、性、化"这几个成分在造词上的作用比较大,所以产生的词比较多。

在现代汉语的新词中还包括很多国际通用词,例如"血型、电视、原子、原子能、细菌战、拖拉机、抗生素、联合国、备忘录"等等都是,这些不需要多举例。

同时,我们还要注意新词之外还有很多新的用语和新的成语。有的是在1958年全民大跃进中产生的。例如:

社会主义阵营　　人民民主专政　　社会主义改造

集体所有制　　　供销合作社　　　人民助学金　工农联盟

五年计划　　　　总路线　大跃进　人民公社　　阶级政策

阶级觉悟　　　　政治教育　　　　持久和平

五项原则　　　　兴无灭资　　　　厚今薄古　　红透专深

下马观花　　　　一穷二白　　　　大破大立　　力争上游

大量的新词和新的用语出现,这就说明了汉语的词汇有了极大的发展。

　　另外,原有的成语有些取得了新的意义(如"千方百计",以前偏于带贬义,现在也带褒义,表示"尽心竭力"之类的意思),有些改变原有的说法使之更通俗易懂或更能反映现实(如"揠苗助长"说成"拔苗助长","移山倒海"说成"移山造海"),这也是词汇发展的一个方面。

　　语言词汇的发展不是单从一方面发展的,总是从多方面向前发展。汉语的词一般都是双音节的,三音节四音节的词就比较少,多于四个音节的就更少了。由于汉语的词在音节构造上趋向于双音节,所以新起的词一般都是双音节的,新的用语有时节缩成为一个双音词,例如"土改(土地改革)、劳模(劳动模范)、文教(文化教育)、保密(保守秘密)、职工(职员工人)"等等。于是缩语也就增多起来。

　　从以上所说来看,现代汉语词汇的变化和发展主要是词义的改变和新词的产生。词义的改变是向多义的方向发展的,并且扩大一部分词的用法,使词在语言中发挥更大的作用。新词的产生是用语言中固有的材料按照传统的构词法创造成的。绝大多数的新词都是多音词。多音词日益增多正是汉语词汇发展的内部规律。随着祖国建设的发展和科学文化的进一步提高,一定会出现更多的新词。

第五讲　汉语词汇规范化问题

一　词汇规范化的一些主要的问题

汉语规范化是我国文化建设中的一件大事。自从中华人民共和国成立以来，由于政治经济的统一和科学文化水平的迅速提高，汉语有了很大的发展。一方面书面语言基本上统一于白话，一方面各地的方言逐渐向民族共同语集中，这些都是语言趋向于统一的基础。但是在使用语言一方面，还存在着很多的分歧。为了充分地发挥语言在社会生活中的作用，促进文化的发展，加强全国人民的团结，有利于社会主义建设的进行，就必须使语言有更加明确的规范。通过这样的工作，还可以使语言有进一步的发展。因此提出汉语规范化的问题。

汉语规范化是针对汉民族共同语来说的。汉民族共同语，就是以北京语音为标准音、以北方话为基础方言、以典范的现代白话文著作为语法规范的普通话。汉语规范化的目的就在于使全民应用的普通话在文学语言中有明确一致的规范。语言规范化包括语音、词汇、语法各方面。语音方面，普通话是以北京语音为标准的，除了一部分正音的问题以外，规范是相当明确的。至于词汇和语法两方面，问题很多，需要根据不同的现象进行研究。这里只谈词汇问题。

词汇是语言中最纷繁、最不容易处理的一部分。现代汉语的词汇是无比丰富的,因此要进行规范化,问题就更多。但是经过整理和研究,我们相信还是可以逐步得到解决的。

首先我们要认识:典范的现代白话文著作,包括政治、科学、文学各方面的著作,就是我们进行词汇规范化的依据。要进行这一项工作,绝不是根据少数人的主观判断来做,必须根据语言发展的事实和使用语言的实际情况来处理。哪些词是现代汉语文学语言里面的词,就要看它的普遍性、明确性,是否符合语言的需要来确定。这是进行词汇规范化的总的原则。

现代汉语词汇规范化的主要问题包括两方面:一方面是如何把语言中不必要的同义的表达形式和妨害语言纯洁与健康的成分加以适当的改变和澄清,以促进语言的统一;另一方面是确定词的意义和用法,消除用词上的一些混乱现象,使语言的运用更趋于确切和精密。当然,凡是语言中需要的东西,例如具有区别细致意义的作用的同义词和具有不同修辞色彩的词等,是有利于语言向精密、丰富发展的,规范化的语言不但不排斥,而且要尽量吸收。

属于前一方面的问题主要有四项:1.完全同义词的问题;2.吸收古语词的问题;3.新词和生造词语的问题;4.外来词的问题。这些问题都需要做专门的研究,下面想简单地说明这些问题的性质和进行规范化的一些基本原则。

(一)完全同义词的问题

现代汉语里有相当数量的完全同义词,有一类是在文学语言里出现的完全同义词,有一类是方言上说法不同的完全同义词,这些完全同义词有没有同时存在的必要是规范化方面的一个主要问题。例如"假如、如果;即便、即使;寝车、卧车;文法、语法;语汇、词汇",属于前一类;"玉米、棒子、包谷、包米;太阳、日头、老爷儿;肥皂、胰子、洋碱;煤油、洋油、火水；知道、晓得"，属于后一类。

前一类的词性质很复杂，有些是从历史上承继下来的，有些是在语言发展的不同时期内产生的，因此确定要哪一个词或者不要哪一个词就很难。我们只能根据含义的正确程度和今天一般应用的习惯来做适当的处理。凡是有调剂语言的作用、可以使语言避免单调的同义词或不妨害意义的明确性、无害于语言规范统一的同义词，就不宜强加取舍。

至于后一类由于方言的说法不同而形成的完全同义词就值得考虑了。因为民族共同语是全民性的，它是超乎狭小的地方性的语言之上的，所以不能随便使用不同方言的完全同义词，造成语言统一的障碍。

同一事物，在方言中有许多不同的说法，我们不能马上主观地消灭某一种说法，不许它存在。方言词本来就是流行于一定区域内的词，在一定区域内使用的人能够用来进行交际，达到互相了解，因此就很难人为地把它消灭掉。但是在作为全国范围交际工具的共同语里，以采用哪一种说法更能使得广大人民了解，那是应当加以确定的。

关于这一类问题，我们要从两方面来看。首先要看哪些是普通话基础方言里的词，哪些是其他方言里的词；其次要看哪些是书面上已经通用的词，哪些不是书面上通用的词。普通话的基础方言是北方话（即所谓"官话"方言），包括北方话、西南话、下江话。北方话流行的区域很广，使用北方话的人口有三四亿，凡是北方话里共同使用的词，在全国方言里就具有极大的普遍性，同时这类词一定很久就在书面语言里稳固下来了。遇到基础方言和其他方言里的词有不同的时候，应当重视基础方言的词，其他方言里的词除了有特殊的必要就不一定为普通话所吸收。维护基础方言里的通用词可以说是一条原则，因为这正跟民族共同语形成的基础是相一致的。

但是普通话里并非完全排斥基础方言以外的其他方言里的词，如果其他方言里的词在语言发展的过程中已经成为普遍了解、普遍应用的词了,那么我们也不可能把它排斥出去,特别是在文学语言中(主要是书面语言上)通行已久的词。例如"火柴、肥皂"原来北方方言口语中一般说"洋火、胰子","火柴、肥皂"虽然来自其他方言,但已经应用极普遍了,而且在书面语里生了根,"洋火、胰子"反而很少见,我们就应当以"火柴、肥皂"作为文学语言里的词。

普通话基础方言之内的各地区对于同一事物的说法也并不完全一致,这样不同的说法有些是方言色彩很浓厚的词,可以不去管它,但有些说法相当普遍,例如"太阳"也叫"日头","玉米"也叫"棒子"之类,遇到这种情形,我们也同样要看哪一种说法在书面语里最通行,作为取舍的标准。像"太阳、玉米"是书面语里一般应用的词,其他的我们就只能作为方言词看待。我们进行词汇规范化的工作,在方言间同实异名的分歧上应当特别重视书面语对于口语的作用,从而促使口语趋于一致。这又是一条原则。因为书面上比较通行的词是经过提炼的,特别是出现于典范的白话文著作里的词对于口语的影响很大,一般都是可以作为依据的。

(二)吸收古语词的问题

现代汉语跟古代汉语是相承接的,很多古语词一直到现在还应用。为了丰富我们的语言还必须善于从古代语言里吸收对于我们有用的东西。哪些要吸收,哪些不能吸收,这就是规范化的问题。

我们所要吸收的必然是一些具有生命力和表现力的词。所谓具有生命力,就是没有僵化死去;所谓具有表现力,就是精练而且形象化。这种词我们要根据语言的需要加以吸收,使它发挥应有的作用。我们不能吸收的是那些完全脱离现代口语基础已经不合用的古语词。例如"邂逅、乖妄、诱慕、遨游、部曲、郊垌、弁言"之类。凡是现代汉语中有适当的词来表达的,就没有必要应用古语词。

在词汇规范化的工作上,我们会遇到一些文言气味比较重的词,也许以前是常见的,而现在已经很少用了,这类词需要从使用率上去决定。例如"擘画(规划)、悖谬(荒谬)、校雠(校勘)、褒扬(表扬)、禀承(遵照)"等就不宜吸收。

在写作上我们必须避免滥用古语词。半文半白,使人读了不容易懂,就反而失去了语言作为交际工具所应起的作用。

(三)新词和生造词语的问题

新词的产生是为了适应新的需要,但新词的创造必须注意三点:1.意义是否明确;2.是否与汉语的构词法相合;3.要照顾到与语言中已有的词在声音上和意义上有无混淆的毛病。

现在有很多新词在书面上出现,例如"创议"就是新起的词。从前只有"倡议",现在增加了"创议",意义不同。这说明了新词是可以创造的。如果是适合需要的,而且考虑得很好,就很容易为人所接受,对于语言的发展也有一定的作用。

新词是要不断创造的,随着科学技术和文学艺术的发展还会有很多新词出现。但创造新词的时候不能只注意到汉字而忽略了声音,不能只注意到用眼睛能够看得出来而忽略了说出来是否听得懂。

另外,在词汇规范上最严重的问题是生造词语的问题。它表现得最突出的是在翻译的文学著作里。生造的词主要有三种情况:1.本来用一个单音词表达得很自然的,却用两个同义词硬凑成一个双音词,例如"腾冒、啼鸣";2.把两个双音词生硬地简缩成另外一个双音词,例如"检析、违挠";3.改换了通用的双音词中的一个词素成为另外一个双音词,反而不如通用的词自然明了,例如"古久、概貌"。有些生造出来的词用在上下文里非常好笑,例如"轩动浓密的眉毛""很镇静地恶辣地说""她噎逆着回去了""满脸发着老红"。生造这种意义不明确、没人能懂的词，是妨碍思想交流的。为了保持祖国语言的纯洁和健康，为了实现语言的规范化，生造词语是必须反对的。

（四）外来词的问题

现代汉语里的外来词是很多的，同样一个外来词常常有几个不同的译法，例如"金鸡纳、奎宁；歇斯特里、歇斯底里"等等都是。人名、地名、各科的专门术语等译名的分歧更多。译名的统一也是词汇规范化的问题。

进行这方面的工作，并不很简单。对于译名，我们的要求是：要尽量依照原词的读音，根据北京语音来对译，在汉字的写法上要求简单易写而且要一致，特别是人名、地名的翻译只能有一种写法，不能有两种写法，以免误会。如果都能照这样做，对于汉语规范化工作就有很大帮助。各方面的专家应当负起统一译名的责任。

二 用词和词汇的规范

汉语词汇规范化问题中，除了前面所说的有关词的去取一些问题以外，还有很多属于用词方面的问题。

我们要求汉语规范化，首先要重视正确地运用语言。一方面要使别人能够听得懂、看得懂，一方面还要使别人听了看了有清晰明确和深刻的印象。因此，用词第一要恰当正确；第二要普遍为人所懂；第三要符合语言的习惯，违背了习惯，就是违背了语言的规范。

这本来都是很平常的话，但是由于有些人对于这些事情还不够重视，在语言的使用上就造成了分歧和混乱。比较突出的现象有以下几种：

（一）忽视词的正确的意义，用法不当

词的意义是使用同一种语言的人在长时期内共同确定下来的，违

背了大家共同理解的意义和用法,就会使人不懂。下面是一些不妥当的句子:

1. 各种肤色的人在这里尽情呼吸着海水、阳光与最清新的空气。

2. 到五月二十日以后,各产棉区的缺苗棉田就已经补齐,病虫灾害也有下降趋势。

3. 我要回来,回来跨在桥上,偎依着家乡的晴空。

例1 "呼吸"应用的范围相当窄狭,"海水、阳光"是不能"呼吸"的。例2 "灾害"可以说"减轻",而不能说"下降"。例3 "晴空"可以"眺望",而不能"偎依";又说"跨在桥上",意思不明确,可能使人误以为是像"跨在马上"那样"跨"。这些句子在用词上都不妥当。

(二)用词不合乎普通话的规范

为了促进汉语向统一的方向发展,用词必须注意是否合乎普通话的规范。下两例是不合规范的:

4. 当我比较年轻的时候,我连一章都不能一气儿写完。我随时随地来改写、琢磨,然后才往下写。过后往往发现,有些极费劲写成的段子,根本是不必要的。

5. 贺庆莲……代替了他俩夫妇的工作。

例4 称"一段文章"叫"段子",例5 称"他夫妇俩"或"他们夫妇"叫"他俩夫妇",这是普通话里所没有的,应当避免。

(三)改变词的性质,引起混乱

语言在发展过程中,词的意义和用法有时改变,这是要看需要如何来确定的。有些词在语言发展的一定阶段中用法有了改变,但不是同类的词一下子都可以改变。例如有些形容词现在可以作动词用了,可是并非所有的形容词都可以作动词用。像"端正学习态度""密切彼此之间的关系",这样的用法已经是比较通行的了;但是像"明彻了各方面的问

题""紧张国际形势"之类,把"明彻、紧张"作动词用是不合适的。又如:

  6. 在石家庄战役里,有一件事情,深深地**烙印**在我的脑子里,至今还忘不了。

  7. 人们**兴致**地走进政协大礼堂。

"烙印"和"兴致"都是名词。前一例把名词作动词用,后一例把"兴致"作形容词用,都是不合规范的。这种改变词性的用法不一定都是语言所需要的,而且对于语言规范化有很大的妨害,要竭力避免。

（四）忽视词与词之间意义上的联系

  用词必须恰当正确。不顾词与词是否搭配得上,意义是否明确,随便连缀在一起是很不好的。例如:

  8. 没有科学研究工作,高等学校就无从按照现代科学要求的水平来**实现**培养专家的**工作**。

"实现"跟"工作"是不能联系的,"实现"应当改作"进行"。

（五）颠倒词素,不合一般的习惯

  汉语里有很多词是用两个相同或相近的词素组成的。有些词把词素颠倒过来意义还一样,如"积累、累积;显明、明显"之类。有些词把词素颠倒过来就成为意义不同的词。例如"生产、产生;平和、和平"之类。但是绝大部分的词前后两个词素是不能颠倒的。如果颠倒过来,就没有人能懂了。例如:

  9. 那儿绿山林的山巅,映着**莹晶**的白雪。

  10. 这笑声会激励战士,但对敌人都是**峻严**的。

例9"莹晶"当作"晶莹",例10"峻严"当作"严峻",这种随意颠倒词素的毛病跟生造一个词一样,所以必须纠正。

（六）乱用虚词,使虚词的用法变得模糊不清

  虚词在语言里不是一种不重要的东西,它可以帮助我们把语意正

确地表达出来,乱用虚词,就会使人不易理解。例如:

11. 不论你写的论文怎样重要,但是没有付印,只有一份底稿,那么你的劳动对别人的益处就不大。

12. 不但老品种已经上市,即使新品种的供应也没问题。

例 11 用“但是”不妥当,应当用“如果”。例 12 用“即使”是错的,应当用“就是”。

上边提出的几种现象对于语言规范化都是很不利的。要想很好地促进语言规范化,所有从事写作的人都必须注意用词是否恰当正确,是否普遍为人所懂,是否符合语言的习惯;特别是作家、报刊编辑和翻译工作者在这方面要格外注意。

语言规范化在用词上并非要限制得死死的,每个人在选词和用词上都有自由,但是必须合乎全民语言的规范。乱用词语写出让人不懂的句子,是绝不会受人欢迎的。

三　词汇规范化方面的具体工作

词汇规范化的问题是相当复杂的,有许多具体的工作需要进行。比较重要的有下列几项:

(一)调查北方方言内的通用词汇

汉民族共同语是以北方方言为基础而发展起来的,北方方言的词汇在民族共同语中占主要的地位,现在要进行词汇规范化,首先要确定北方方言中哪些词是具有全民性的,哪些词是方言土语。一般经常见于书面上的词汇问题不大,但各地方言口语中还有无数富有表现力的词,这种词就是文学语言的源泉。哪些词通用的范围较广,哪些词通用的范围较窄,都得调查。这样才可以把一部分属于普通话的词汇和方言的词汇划分开。

词汇规范化的目的在于减少用词上的分歧和混乱,并不是要把词汇的范围缩小。凡是具有生命力的符合于语言的需要的词都不能废弃不用。问题只在于是否具有普遍性。为了确定普通话的词汇规范,我们把普通话基础方言内的通用词做一番调查是必要的。

北京话是北方方言的代表,在现代汉语书面语言里,北京话的词占的数量很大,但是北京话的词汇至今还没有全面的记载。北京话的词,有些只是北京人才能理解的,有些是通行较广的词。由于缺乏详细的调查,就不易确定到底能不能作为普通话的词汇看待。例如:

折腾(zhēteng)　　抖搂(dǒulou)

跥(脚)(duò)　　搋(面)(chuāi)

趴(着脚)(cǐ)　　眯缝(着眼)(mīfeng)

叼(diāo)　　　　嘬(zuō)

呼扇(hūshan)　　邋遢(lāta)

麻利(máli)　　　牙碜(yáchen)

像这些词在北方方言是否流行得很普遍,算不算普通话的词,就需要调查研究。有人认为:“现代汉语词典对于在北京话里习见于书面的方言词应该从宽收入,在比例上要比任何其他地区方言词多收一些。”①这话不无道理。我们如果能把北方方言里各地的词汇进行广泛的调查,那么要确定哪些词是普通话通用的词汇,哪些不是,就更有把握一些了。

北京话里的儿化词很多,这也是北方方言内比较普遍的一种现象。儿化除了表示爱称、小称以外,还表示其他方面的意义,或表示属于事物的一部分,或表示一种特殊的抽象意义。如“门口儿、窍门儿、心眼儿、

---

① 见《中型现代汉语词典编纂法》(初稿) “选词” 部分,载《中国语文》1956 年 7 月号。

头脑儿"等。

在北京话里儿化应用得很广泛,有些词不一定要儿化,有些词又非儿化不可,如"桃儿、芽儿、一块儿、火星儿"等等。但北方方言各处儿化的情况也不一样,因此,哪些词必须儿化就要进行调查。这只是一个例子,说明普通话基础方言内的词汇有调查的必要。经过调查,我们才能更好地处理规范化的问题。

调查北方方言的通用词汇只是方言调查工作的一个起点,调查了以后,还要更进一步调查其他的方言。其他的方言跟北方方言在词汇方面有很大的共同性,也有很多的差异。为了进行词汇规范化工作,对于其他方言的词汇也需要有全面的了解。因为有些词在其他方言中通行较广而在基础方言内没有相应的词可以替代,那就很可能为普通话所吸收。方言是文学语言的源泉,文学语言将不断地从方言中吸取有用的成分。所以对于方言词汇有全面了解的必要。

当然,要进行全面的调查绝不是在短时期内可以完成的。当前最切要的工作是调查北方方言。北方方言的地区虽广,只要分区选择若干有代表性的地点分别进行调查,就容易获得结果。

(二)各种译名和术语的统一工作

译名和术语的统一是词汇规范化工作当中一项相当复杂的工作。译名的分歧主要是用字不同。例如人名、地名在这方面的分歧就很多,应当统一。

至于术语的分歧,各门学科都有一些,这需要各科的专家共同讨论来确定。随着我国社会主义建设事业的迅速发展,人民的科学技术知识的水平正在不断地提高,有些专门性的术语也逐渐成为普通词了,所以术语的统一很有必要。例如语言学上的名词术语就有很多不一致的。"辅音"或称"子音","元音"或称"母音","词组"或称"短语","他动词"或称"及物动词"等等,都只是称谓上的不同,可以求其一致。各门学科的研究机构可以根据不同的情况编制出各科的名词术语表,由大家讨论研究,逐渐达到统一。

（三）研究用词方面的规范问题

现代汉语的词汇是非常丰富的,有些词的用法还不十分明确,所以产生一些混乱的现象。因此,有关词的用法的研究非常重要。我们很需要有一本书能够把规范不明确的一些词语的正确用法指示出来,并且把意义相近而用法容易混淆的一些词加以分析辨别,这对于汉语词汇规范化必然有很大的帮助。

（四）编纂现代汉语规范化的详解词典

词典是进行规范化的最重要的工具,目前一般人所使用的只是"字典",而不是"词典",例如《学文化字典》《新华字典》《同音字典》等都不是以词作单位的。这种字典既然不以词作单位,就很难把普通应用的词都搜罗在字典里,而且"字"跟"词"的分别也不清楚,所以必须另外编纂一部能够反映现代汉语真实情况的词典。这部词典要以词为对象,所收的词应包括汉民族在现代社会生活中共同使用的词,包括书面的和口语的。

这部词典的规范性要在收词、注音、释义各方面来体现。在收词的时候,首先要确定某一形式是词不是词,定词就是一项规范化的工作。在注音方面要以北京语音为标准音,但是遇到一些规范不明确的,如异读、重音、轻声、儿化等等问题都需要做适当的处理,使每一个词的读音都十分明确。

解释词义是词典里最重要的部分。为了读者能够正确地了解词的含义和词的用法,应当做到下列几点。

1. 要把字形相同的同音异义词分开。字形相同的同音异义词跟一词多义很不容易区别,但有些比较明显的就应当加以分别,把字形相同的同音异义词作为不同的词看待。一般字典因为以字为主,所以在这方面不加区分;现在要编的是词典,所以不能马虎。

2. 每个词应当注明词类。有些词兼属两类的,词义就有不同,也应当分别解释。

3. 解释词义应当以现代实际使用的意义为主。多义词词义的分析要精细而又要富于概括性。解释的词句必须明白正确。

4. 词典里的注解除了解释词义以外,必要时还要说明词的用法。说明用法对于词汇规范化会起很大的作用。关于用法应当侧重说明:(甲)与哪些词经常配合在一起使用;(乙)指某一方面的事物来说的,在什么场合之下使用,一般用在哪一种文体里;(丙)词的修辞色彩怎样,有没有褒贬、轻重、语气的分别;(丁)应用在语句里,跟其他词的语法关系怎样。在解释词义和说明用法的时候,应当适当地举出例句,使所解释的词义和说明的用法更加明显。

另外,在词典里应当把现代常用的成语和习惯语搜罗在内。这样就更符合于广大人民群众的需要。

编纂现代汉语的详解词典的工作是很重要的,许多语言学专家和语文工作者在党的领导下正在积极地从事这项工作,这对于我国社会主义文化建设事业的发展具有重大的意义。

词汇规范化的工作很多,这里所谈只是几项当前迫切需要进行的工作。任何一项工作,都不是少数几个人所能完成的,必须群策群力才能成功。为了促进汉语词汇规范化的实现,全国的语文工作者和文化教育工作者必须根据党关于语言工作的方针政策广泛而深入地进行科学研究工作,才能把研究的成果总结在词典里。

汉语拼音字母学习法

序

　　汉民族的共同语就是以北京语音为标准音的普通话,每一个说汉语的人都应当学好普通话。要学好普通话,首先要注意语音,而拼音字母就是学习语音的有力的工具。我们掌握了拼音字母,才能利用拼音的读物来学习普通话,否则只有听一点儿,学一点儿,那就很费事了,而且也不一定学得好。

　　写这本书的用意很简单,就是要讲解《汉语拼音方案》字母的发音和学习运用这一套拼音字母的方法,并且利用一些练习,使读者能够学会普通话的标准发音。

　　《汉语拼音方案》有几个特点:1.只用 26 个国际通用的拉丁字母,不增加新字母;2.整个方案基本上没有变读,采取一音一母的原则;3.系统比较整齐,学习和应用都很方便。这套拼音字母就是帮助学习汉字、统一读音和推广普通话的重要工具。有了这一套字母,我们就可以把语音正确地写下来了。过去学习普通话一般都用注音字母来注音,注音字母里有些字母所代表的音是两个音素拼在一起的,在分析声音的时候很不方便。现在我们应用拼音字母就不同了,有一个音素就用一个符号来代表它,一个音节有几个音素就用几个符号来表示,这样自然容易分辨,容易读得准确。

　　学习拼音字母跟学习普通话的语音是一回事。要把字母所代表的声音读对,还必须掌握普通话标准音的语音系统,而且要能够通过拼音把每一个词读对。因此本书除了说明每个字母所代表的语音和普通话标准音整个声音系统以外,还列举了一些练习,希望引导读者从词汇的读音上来掌握实际的语音。最后的"普通话日常应用词语读音表"是学习普通话的基本材料。那不是只备检查的,而是准备来学习的。

学习拼音字母除了注意正音以外,还要注意拼写的方法,这就是"正词法"。我们不但要会念,而且还要会写,能够拼写一个个的词和一句句的话。尽管拼音字母不是拼音文字,但是拼写出来的东西,必须准确,能够让人看得懂。在拼写一句话的时候,一方面要以词为主,一方面要照顾到语法的构造。书中对这一方面也谈了一些,虽然不够完备,但也可以作为练习拼写的参考,本书原由人民教育出版社出版,为配合当前的推广普通话工作,著者对原书重新作了修订,并交由语文出版社出版,以适应读者的需要。

著者

1992 年 12 月重订

一 语音和字母

1. 语音是怎样发出来的

语音是由人的发音器官发出来的。我们发一个音,肺里要呼出气来,肺里的空气从气管通到喉头,由喉头达到口腔或鼻腔,再送到外边。在这样的通路当中,空气受到发音器官的节制,就构成种种不同的声音。

例如我们说一个 ba(八),双唇闭拢,然后放开,才能构成 ba 的音;我们说一个 ta(他),舌尖要抵住上齿龈,然后放开,才能构成 ta 的音。设若我们说一个 i(衣),我们就会觉到舌尖要向前移,说一个 u(屋),就会觉到舌头要向后移;说 i 的时候,唇向两边展开,说 u 的时候,双唇聚拢成为一个圆形,而且稍稍突出。这些都说明了语音是人的发音器官动作的结果。

肺是供给气流的器官。喉头、口腔里各部分的器官,如声带、软腭、舌、唇等,又是构成各种声音的器官。从肺里呼出气来,脑的神经中枢使各部分的发音器官做出不同的动作,这样就发出不同的语音。

2. 语音为什么有种种不同

语音是多种多样的,听起来各不相同。我们要知道语音为什么不同,应当从语音的发音部位和发音方法两方面来看。

　　例如发 ban（班）、dan（单）两个字音,我们可以发现其中的不同在于开头的那个音。b 是用双唇构成的音,d 是用舌尖和上齿龈构成的音,都是先闭塞,后放开,可是构成声音的部位不同,所以声音也就不同。又如我们发 i（衣）、ü（淤）两个音,听起来 i 是 i、ü 是 ü,音不一样。为什么不一样呢？发这两个音舌的位置是相同的,可是发 i 的时候,唇是展开的,发 ü 的时候,唇是圆起来的,发音方法不同。在不同的情况下,气流通路的大小和形状不同,所以发出来的声音也就不同。因此我们要分辨声音的异同,必须注意语音在发音部位和发音方法上是否一样,一样的地方在哪里,不一样的地方在哪里。

　　由于发音部位不同,我们可以分辨出唇音（b、p）、舌尖音（d、t）、舌面中音（j、q）、舌面后音（g、k）等等;由于发音方法不同,我们可以分辨出元音（a、i、e、u 之类）、辅音（b、d、g 之类）的区别,以及塞音（b、d、g）、擦音（f、s、h）、鼻音（m、n、ng）等等的区别。

　　我们要掌握汉语普通话的标准发音,首先要学会分辨声音的异同,听得出来,说得出来。要做到这一点,就需要知道发音器官的构造和功用,以及每一个拼音字母所代表的音是怎样发出来的。

3. 发音器官的构造和功用

　　人的发音器官,按照在发音中不同的作用可以分为三部分:（1）呼吸器官;（2）喉头,包括声带;（3）喉头以上的咽头、口腔和鼻腔。

　　（1）呼吸器官包括肺和气管。在说话的时候,呼吸器官的作用是供给构成发音所需要的空气。空气从肺里一股一股呼出,我们称为"气流"。气流从肺里呼出来,经过气管,通到喉头（见图 1）。

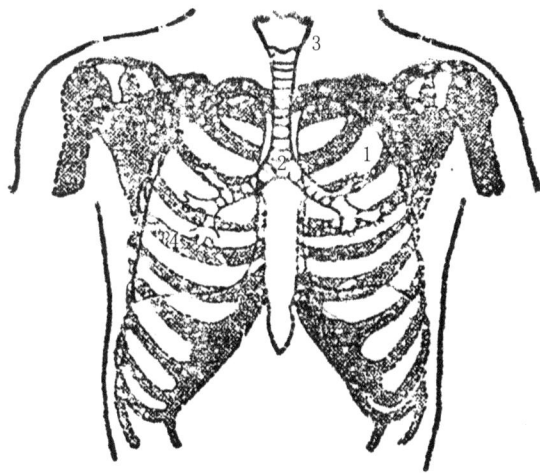

图 1　呼吸器官图

1. 肺　2. 气管　3. 喉头　4. 肋骨

（2）喉头是气管上端的扩大部分,是由几块软骨和错综的筋肉构成的一个圆筒。其中最大的一块软骨是甲状软骨,甲状软骨就是我们用手在喉结地方可以摸得到的一块大软骨。声带有一端就系在这块软骨的里边。

声带是两条并列的肌肉,前端系在甲状软骨上,后端系在另外两块软骨上。这两块软骨叫杓状软骨。喉头软骨之间的肌肉可以牵引杓状软骨活动,使声带或松或紧,两声带之间就造成不同程度的开闭状态(见图2)。

在构成声音时,声带的作用很大。声音既可以闭拢,阻挡住气流,也可以张开,放出气流。呼吸的时候,声带是张开的,气流自由地通过,只能听到细微的摩擦的声音。说话的时候,声带闭拢,使气流冲出,就构成了语音。声带是有弹性的,能紧能松,在紧的时候,发出的音就高;在松的时候,发出的音就低。因此可以构成高低不同的音。

（3）喉头以上有三个空腔,就是咽头、口腔和鼻腔。在发音的时候,

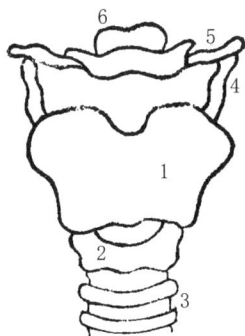

（1）喉头的正面
1. 甲状软骨　2. 环状软骨
3. 气管　4. 甲状软骨突出部
分　5. 舌骨　6. 会厌软骨

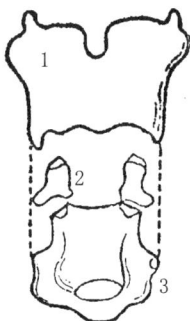

（2）喉头的软骨
　1. 甲状软骨
　2. 杓状软骨
　3. 环状软骨

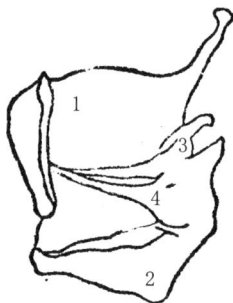

（3）喉结的内部
1. 甲状软骨　2. 环状软骨
3. 杓状软骨　4. 声带

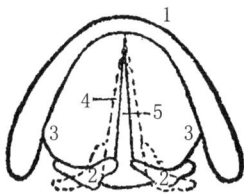

（4）声带的开闭
1. 甲状软骨　2. 杓状软骨
3. 环状软骨　4. 声带　5. 声门

图 2

气流从喉头出来以后就要经过咽头,再达于口腔或鼻腔。咽头、口腔和鼻腔在发音上都是起共鸣作用的空间。由于发音器官的动作有种种不同,共鸣间的大小和形状就有不同的变化,发出来的音在"音色"上也就不一样。

口腔对于学习语音来说,是构成语音最重要的发音器官。口腔里最灵活的器官是舌头。它可以上升下降,前后移动。它还可以构成各种不同的形状。由于舌头非常灵活,所以能够构成各种不同的声音。舌头可以分为舌尖、舌面、舌根三部分。舌面又可以分舌面前部、舌面中部、舌面后部。舌头可以使气流通路造成种种不同的阻碍而产生没有节奏的"噪音"。"噪音"是对"乐音"来说的,如 a、i 是"乐音",b、d、f、s 之类是"噪音"。"乐音"是能唱的,"噪音"是不能唱的。

　　口腔的前面是嘴唇和牙齿。上齿根部高起来的肉叫"齿龈"。由齿龈向里就是上腭。上腭的前部有骨支撑着,是硬的,叫"硬腭";后部是肌肉组成的,是软的,叫"软腭"(见图 3)。软腭可以上下活动。软腭上升时,贴在咽头后壁,就把气流通向鼻腔的路堵塞住了,气流只能从口腔出来,这样就构成"口音",如 b、d、f、s、a、i 都是。如果软腭下垂,就打开了气流通向鼻腔的孔道,气流从鼻腔放出,这样就构成"鼻音"(见图 4)。如 mā(妈)、ná(拿)开头的音就是"鼻音"。

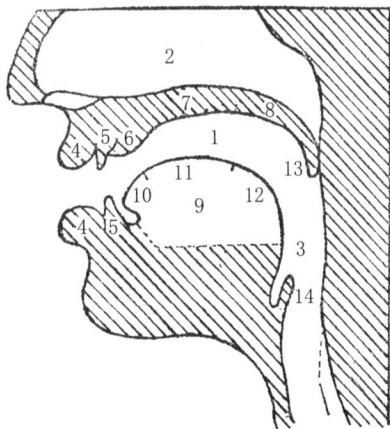

图 3　发音器官图

1. 口腔　2. 鼻腔　3. 咽头　4. 唇
5. 牙齿　6. 齿龈　7. 硬腭　8. 软腭
9. 舌头　10. 舌面前　11. 舌面中
12. 舌面后　13. 小舌　14. 会厌软骨

　　鼻腔在口腔上部,中间隔着上腭。鼻腔是不改变形状的共鸣器,气

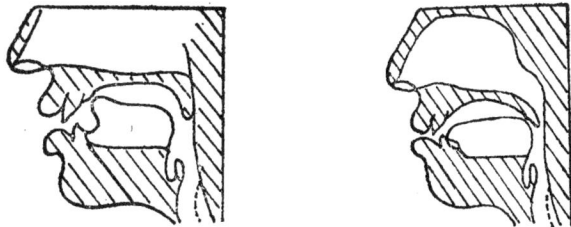

图 4

口音(软腭上升)　　　鼻音(软腭下垂)

流通过鼻腔时就起共鸣作用,构成鼻音。

　　根据以上所说来看,声带、软腭、舌、唇都是能活动的器官,硬腭、齿龈、牙齿是不能活动的器官。活动器官在发音中是起主要作用的,语言里各个音的构成都与活动器官的动作有关系。我们了解了这些器官的功用,在学习发音时再注意它们的动作,自然能够发得准确。

4. 元音和辅音

　　要学习语音,先要知道什么是元音,什么是辅音。元音和辅音是按照发音方法来分的。

　　元音,也称为母音,这种音都是乐音。在发元音时,声带是颤动的,气流从喉头出来以后,经过口腔,不受任何发音器官的阻碍,所以噪音的成分很少。

　　发元音的时候,总是舌尖部分放在下齿附近,而舌面向上腭抬起。全部发音器官的紧张程度是比较均匀的,不是某处特别紧张,某处一点儿也不紧张。

　　不同的元音,舌位的前后高低是不一样的。依照舌位的高低,也就是舌面向上腭抬起的高低,可以有高元音、低元音之分。如 i、u 是高元音,a 是低元音。依照舌位的前后,也就是舌头向前移或向后移,又可以有前元音、央元音、后元音之分。如 i 是前元音,e 是央元音,u 是后元音。从图 5 可以看出发不同的元音时,舌位是不一样的。

　　元音的分别还可以从唇的活动来看。有些元音在发音时双唇聚拢成圆形,而且向前突出,例如 u、ü;有些元音在发音时双唇不聚拢,也不向前突出,例如 i、a。这样就有了分别。前一种叫圆唇元音,后一种叫不圆唇元音。

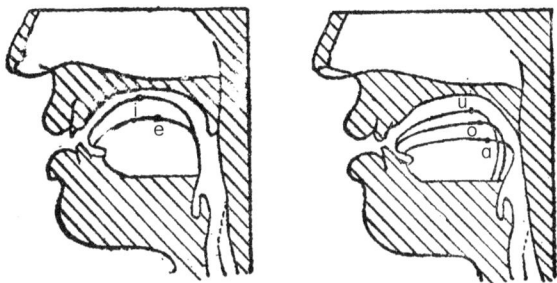

图 5 元音舌位高低的比较

前元音 i,央元音 e　　　　　后元音 u、o、a

　　要分别元音,主要是按照唇、舌的状态来区分。不同的元音在发音时口腔开张度的大小有不同,唇要圆不要圆,圆的程度如何,也不一样。

　　至于辅音,也称为子音,一般都是带噪音的。这种噪音是气流受到发音器官某一部位的阻碍时所造成的。乐音的音浪都是节奏整齐的,噪音的音浪都是节奏不整齐的。

　　辅音和元音还有一点极大的分别,那就是发辅音的时候,发音器官不是全部紧张的,只有构成阻碍的地方才紧张。所以分辨辅音的发音部位要比分辨元音的发音部位容易得多。

　　发辅音时,有的声带不颤动,有的声带颤动。例如 fǎn(反)、gǎn(敢)开头的辅音是不颤动的, mǎn(满)、rǎn(染)开头的辅音就是颤动的。声带不颤动的叫"清音",声带颤动的叫"浊音"。

　　汉语中清音又有送气音与不送气音的分别。例如 bo(拨)、po(泼)开头的辅音都是双唇构成的音,可是发 b 的时候,双唇放开之后,没有附带的强烈的气流送出,而发 p 的时候,双唇放开之后,就随着放出强烈的气流,这就是在发音方法上有不同。b 是不送气音,p 是送气音。我们可以把手放在口的前面试验送气不送气。发 b 时,手上不大感觉到有强烈的气流吐出,发 p 时,手上就会感觉到有一股热气喷出。这样就可以证明 b、p 有送气与不送气之分。

5. 音节和声调

在语言里作为一个单位,用一股力量来说的一个音或一组音,称为一个"音节"。例如 a(啊)是一个音,在语言里作为一个单位来念时,就是一个音节;ta(他)是 t 跟 a 两个音拼合在一起来念的,那也是一个音节。在 ta 这个音节里有两个音,我们说这样一个音节包括两个"音素"。又如 zǒu(走),这也是作为一个音节来念的,它就包括三个音素:z、o、u。现在我们应用的拼音字母,基本上是一个符号代表一个音素。

在汉语里,构成一个音节时,必须具备元音。一个音节可以是一个元音,例如 ǔ(五),也可以是一个辅音加上一个元音,例如 dà(大)。总之,必须有元音。在北京语音系统里,没有用单独一个辅音构成一个音节的①。

在一个音节里,不一定只有一个元音,有时有两个或三个元音。两个或三个元音拼合在一起,称为"复合元音"。在复合元音里总有一个元音是构成音节的主体,这个元音就称为"主要元音"。例如 ai(挨)是两个元音构成的一个音节,其中 a 是主要的,是构成音节的主体, a 就是主要元音。又如 jiao(交)是四个音素构成的一个音节,辅音 j 的后面有三个元音,其中 a 是构成音节的主要元音。

我们现在应用的文字还是汉字。一般来说,一个汉字就是一个音节("花儿" huār 一类的词除外)。但是一个汉字不一定就是一个词,有时一个词有两个或两个以上的音节。在拼写的时候,要把两个或两个以上

---

① 表示答应的 m、n 除外。

的音节连写在一起。例如"人民"（rénmín）、"政府"（zhèngfǔ），是两个音节，"工业化"（gōngyèhuà）、"合作社"（hézuòshè），是三个音节，都要连写，使人看了，知道就是一个词。

汉语是一种有声调的语言。"声调"就是声音的高低升降。声音的高低，与声带颤动次数的多少有关。同样一个音，声调高，声带颤动的次数必多；声调低，则声带颤动的次数必少。

汉语一个音节可以说成不同的声调。同样一个音节，如果声调不同，意义也就不同。例如"梯、提、体、替"都是 ti，"汤、糖、躺、烫"都是 tang，"烹、棚、捧、碰"都是 peng，"包、薄、饱、抱"都是 bao，可是声调不同，词义也就不同。足见声调在汉语里是有区分意义的作用的。

声调可以有高有低，也可以先高后低，也可以先低后高，因此有种种不同的类型。同样一个音节，但可以说成不同的声调，这种声调的变化就表现在一个音节的元音或主要元音上。

汉语里各个方言的声调类别不同。北京语音里有四个声调，就是：阴平声、阳平声、上声、去声。也称第一声、第二声、第三声、第四声。阴平、阳平、上声、去声是传统的命名。

阴平声是一个高平调，开始就很高，一直是平的，例如 chūn（春）、fēng（风）、kāi（开）、gāo（高）。

阳平声是一个高升调，开始比阴平声低，由低而升高，例如 pán（盘）、tán（谈）、nán（南）、lái（来）。

上声是一个降升调，开始低，先降，然后升高，例如 běi（北）、gěi（给）、gǎi（改）、cǎi（采）。

去声是一个高降调，开始跟阴平声一样高，由高降到很低，例如 bài（败）、kàn（看）、zhàng（丈）、liàn（练）。

声调是最难学的。要明白北京声调的高低升降，可以看图 6。图 6

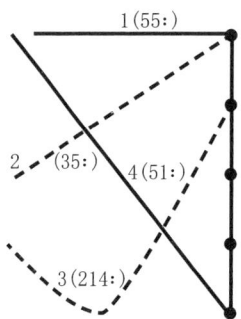

图 6　北京音四声的调值

　　1. 阴平调　2. 阳平调
　　3. 上声调　4. 去声调

用一条竖线分作四等分,点上五个点,算作五度。从最下面的一点倒数上去,是 1、2、3、4、5。5 代表最高的调子,1 代表最低的调子。竖线左边画的横线、斜线、曲折线,就是表示声调的起落点和调子的形状的。阴平声是 ˥（55：）,阳平声是 ˧˥（35：）,上声是 ˨˩˦（214：）,去声是 ˥˩（51：）[①]。

　　声调是汉语的特征之一,为了表示一个音节到底读什么调,在用拼音字母拼写的时候就需要用符号把声调标出来。标调的符号是:阴平声用 ˉ,阳平声用 ˊ,上声用 ˇ,去声用 ˋ。声调符号要标在一个音节的元音或主要元音上面,例如 tī（梯）、tí（提）、tǐ（体）、tì（替）;duō（多）、duó（夺）、duǒ（躲）、duò（舵）。

　　有时一个音节念得比较轻,声调变得跟原调不同,又轻又短,这种变调称为"轻声"。遇到读轻声的音节,一律不标符号,例如"先生"（xiānsheng）、"回来"（huílai）、"清楚"（qīngchu）、"好吗"（hǎoma）。

6. 重音和语调

　　我们说一句话,不是把所有的词一律着重来说的,有的着重,有的就不着重。意思着重的地方就说得响亮一些,时间拉长,音程放大,而且用力一些。意思不着重的地方,自然就轻轻说过,用的时间比较短。用力来说的地方就是"重音"所在。比方说:

---

①55：、35：等指的是起落点,我们可以用这种数字来说明声调的"调值"。

你为什么不'早告诉我呢?

意思着重在"早",所以"早"重说。如果意思着重在"为什么",那就要说"你'为什么不早告诉我呢?""为什么"重说,其余的词就轻一点儿。那么,我们就可以知道重音跟意思有连带的关系。为了着重说出某一个词(或某一个词的某一音节)而使意义特别突出的重音叫"着重的重音"。

有时即使没有要特别加重的词,可是随着意思也自然有一些说得比较响亮的音。例如:

这样说来,问题就'非常清楚了。

人民的眼睛是'雪亮的。

这是'谁的东西? 为什么'老不拿走?

我说的话你'懂吗?

这种重音就称为"一般的重音"。我们要掌握普通话的发音,不仅要把每一个语词的声音读对,而且还要注意一句话的重音。例如疑问代词、主要动词以及形容词、副词等常常重读。重读的时候,只要把声调的范围加大,时间拉长,并不改变它的音高的性质。

其次我们还要注意到"语调"。"语调"也称"句调",它是用重音和全句的调子来表现的,其中包括了声音的高低、快慢、强弱和音色等等。

语调是用来表示说话人的语气和情感的,所以变化很多。不过有两种基本语调,一个是"降调",一个是"升调"。句尾调子降低的是降调,句尾调子升起的是升调。

平常说话,叙述句、祈使句、感叹句的末尾调子总是降低的。比如"今天是星期六﹨""代表团来了﹨",就都是降调。至于疑问句常常是升高的。比如"你说什么? ╱""他已经走了吗? ╱"都是升调。

如果表示着急的口气,全句的音调可能提高,例如"你为'什么不

'去呀？”音调很高；要是表示感叹的口气，全句的音调又可能降低，比如“唉↘！我太没有勇气了↘！”音调就低得多了。

句尾的语调和句尾音节的声调有关系。每一个句子的真实语调实际上是句尾音节的声调和语调结合在一起的。例如去声是降调，放在句尾时，如果全句语调是降调，就形成 5121：的调子，如“这'多么好'看！↝”（⋁5121：）；如果全句语调是升调，就形成 512：的调子，如“他什么时候儿去？⤴”（⋁512：）。这些都不是一个简单的问题，只有在听的时候多多留意。

7. 拼音字母

汉语一直是用汉字来记录的。一个汉字就是一个音节，这在前面已经说过了。但是每一个音节究竟包括几个音素，从汉字本身是看不出来的。我们要分析语音，就必须有一套拼音字母，用它来表示不同的声音。现在汉语拼音方案所采用的拼音字母就是国际通用的拉丁字母。

这一套字母一共有 26 个。字母的排列顺序如下：

Aa	Bb	Cc	Dd	Ee	Ff	Gg
Hh	Ii	Jj	Kk	Ll	Mm	Nn
Oo	Pp	Qq	Rr	Ss	Tt	
Uu	Vv	Ww	Xx	Yy	Zz	

这些字母在方案里应用了 25 个，v 没有用。现在把 25 个字母所代表的语音按照元音、辅音的分别排列如下：

（1）辅音字母

b	p	m	f
d	t	n	l

g	k	ng	h
j	q	x	
zh	ch	sh	r
z	c	s	
（y）	（w）		

（2）元音字母

ɑ	o	e
i	u	ü

这一套字母采用的完全是国际通用的拉丁字母。总的精神是尽量用一个字母代表一个音素,要求简单、明确,便于教学。但为字母数目所限,少数的几个音不得不采用双字母(即 zh、ch、sh、ng①)。双字母应当作为一个符号来看待。它所代表的只是一个音。

我们要学习应用这一套拼音字母,首先要学会每一个符号的发音和音与音拼合在一起的读法。掌握了这一些还不够,还要能够用字母来拼写一个一个的词,一句一句的话。听到一个词或一句话,就能用字母写下来;看到用拼音字母标出来的一个词或一句话,就能念得很准确;这样才算真正掌握了这一套拼音字母。

① 在给汉字注音的时候,为了使拼式简短,zh、ch、sh、ng 可以省作 ẑ、ĉ、ŝ、ŋ。

二　拼音字母的发音

1. i、e、a

这三个音都是元音,可是舌位的前后高低不同,口腔张开的大小也不同。

i:读 i 的时候,舌面中部向硬颚中部隆起,舌头向前移,舌尖下面抵住下齿,双唇向两边展开。例如汉字"一、衣"就是这个音。

e:读 e 的时候,口腔的开张度比 i 要大,舌头隆起的高度没有 i 高,舌位也偏后一点,双唇是自然的。例如汉字"得"(dé)、"特"(tè)、"乐"(lè)三个字音里的元音就是这个音。不过在 g、k、h 和 zh、ch、sh 后面舌位还要偏后一点,舌头向后移,舌面后部向硬颚后部隆起。例如"哥"(gē)、"科"(kē)、"喝"(hē)、"遮"(zhē)、"车"(chē)、"奢"(shē)里的元音都是如此。

a:读 a 的时候,舌面放得很低,舌尖抵住下齿根部,口腔的开张度比发 e 时要大,双唇也是自然的。例如"八"(bā)、"他"(tā)、"妈"(mā)、"拉"(lā)里的元音就是这个音。

i、e、a 三个元音舌位的前后高低和口腔开张度的大小都不同。i 的舌位偏前,e 的舌位居中,a 的舌位偏后。i 是前元音,e 是央元音,a 是后元音①。就舌位的高低来讲，i 最高，e 半高，a 最低。i 是高元音，e 是半高元音，a 是低元音。我们可以用图表来表示如下：

前后 高低	前元音	央元音	后元音
高元音	i		
半高元音		e	
半低元音			
低元音			a

学习这三个元音，要注意舌头的动作、舌位的高低和舌尖所抵触的部位。

2. | b、p，d、t，g、k |

这三组音都是辅音，但是发音部位不同。b、p 是"双唇音"，是把上下唇闭拢在一起，阻住气流，然后放开所造成的声音。例如"八"（bā）、"包"（bāo）、"班"（bān）、"奔"（bēn）、"趴"（pā）、"抛"（pāo）、"攀"（pān）、"喷"（pēn）等开头的辅音就是双唇音。发这两个音的时候，舌尖抵在下齿后。发 b、p 的舌位见图 7。

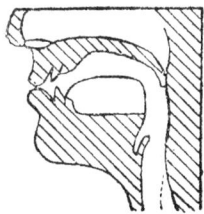 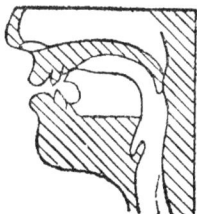 

图 7 b、p 的舌位　　图 8 d、t 的舌位　　图 9 g、k 的舌位

---

① "e" 是个偏后一点的央元音，但不是一个很后的元音。"a" 在标准发音里是一个后元音，但在一般谈话当中，部位偏前，近于央元音，例如"大小"的"大"。

　　d、t 是"舌尖音",是舌尖抵住上齿龈,阻住气流,然后放开所造成的声音。例如"低"(dī)、"单"(dān)、"当"(dāng)、"都"(dū)、"他"(tā)、"梯"(tī)、"汤"(tāng)、"偷"(tōu)等开头的辅音都是舌尖音。发 d、t 的舌位见图 8。

　　至于 g、k,则是舌面后音[①],是舌面后部靠拢软腭,阻住气流,然后放开所造成的声音。例如"歌"(gē)、"该"(gāi)、"根"(gēn)、"高"(gāo)、"科"(kē)、"开"(kāi)、"刊"(kān)、"康"(kāng)等的辅音都是舌面后音。发 g、k 的舌位见图 9。

　　这三组音在发音方法上有一个共同点,那就是发音的时候气流的通路起初受到阻塞,等到阻塞除去,才发出音来。这种音在语音学上称为"塞音"。但是这里面 b 跟 p、d 跟 t、g 跟 k 又不一样。发 p、t、k 时有强烈的气流冲出;发 b、d、g 时就不如此。b、d、g 是不送气音;p、t、k 是送气音。在汉语里,送气与不送气是有区分意义的作用的。例如:

　　　　班(bān):攀(pān)　　　单(dān):滩(tān)　　　竿(gān):刊(kān)

　　左边的和右边的,声音不同,意义也就不同。我们学习这三组音,应当注意它们在发音部位和发音方法上的异同。

练习(一)

　　1. 读 i、e、a 三个元音,比较三个音口腔开张度的大小和舌位的前后高低。

　　2. 读 b、d、g 三个辅音,注意它们的发音部位有什么不同。再读 b、d、g 和 p、t、k,注意这两组声音的发音方法有什么不同。

---

① 舌面后音,一般也称为"舌根音"。

3. 元音是乐音,乐音是能唱的,所以元音可以读成不同的调子。北京音有四个声调,按照下面左边标出的四声调值,念 i、e、a 三个元音,先横着念,后竖着念:

阴平 ˥55: ī、ē、ā

阳平 ˧˥35: í、é、á

上声 ˨˩˦214: ǐ、ě、ǎ

去声 ˥˩51: ì、è、à

4. 辅音和元音连起来念,念快了,就拼成一个音节。例如:

b i → bi(逼)   b a → ba(八)

拼下面的一些音节:

b i d i | d e g e | b a d a g a

p i t i | t e k e | p a t a k a

5. 念下面几组音,把四声读对,还要很熟练:

bī(逼)	bí(鼻)	bǐ(笔)	bì(避)
pī(批)	pí(皮)	pǐ(匹)	pì(辟)
dī(低)	dí(敌)	dǐ(底)	dì(弟)
tī(梯)	tí(提)	tǐ(体)	tì(替)
bā(八)	bá(拔)	bǎ(把)	bà(霸)
dā(搭)	dá(达)	dǎ(打)	dà(大)
gē(歌)	gé(革)	gě(葛)	gè(个)
kē(科)	ké(咳嗽)	kě(可)	kè(课)

6. 读下面的音节,声音要读准确:

bǐ(笔,比) pí(皮,疲) dǐ(抵,底) tí(提,题)

pá(爬) pà(怕) tā(他,她) tà(踏)

tè（特）　　　gé（格，隔）　　kè（客，刻）

7. 念下面的词语：

爸爸（bàba）　　　哥哥（gēge）　　　　弟弟（dìdi）

琵琶（pípa）　　　枇杷（pípa）　　　　体格（tǐgé）

大批（dàpī）　　　一打（yīdá）①

8. 把下面的汉字读音用拼音字母写出来：

低　　　　地　　　匹　　　劈　　　闭

个体　　答题　　大抵　　鼻涕　　打靶

3. 　ü、u、o

这三个元音跟 i、e、a 不同。读 i、e、a，唇是不圆的；读 ü、u、o，唇是要圆拢起来的。这种元音称为"圆唇元音"。

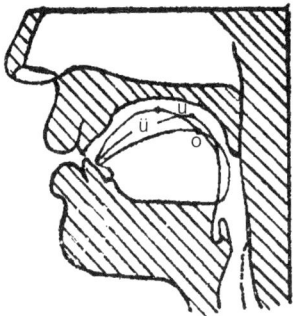

图 10　ü、u、o 的舌位

ü、u、o 都是圆唇音，可是唇的聚拢的程度不同。从舌位来看，三个音的舌位的前后高低也不一样（见图 10）。

ü 是一个前元音。发 ü 时，舌头要向前移，舌面中部向硬腭中部隆起，舌尖抵住下齿，同时两唇突出，聚拢成圆形。"居"（jū）、"区"（qū）、"虚"（xū）几个字音里的元音也是这个音。这个音的舌位跟 i 基本上是一样的，只要保持 i 的舌位，把唇突出，聚拢成圆形，就读对了。

u 是一个后元音。发 u 时，舌头向后移，舌尖垂在下牙齿的底下，舌

---

① "i" 单独成为一个音节时写作 "yi"（见 149 页）。

面后部向软腭隆起。两唇突出,聚成圆形,但肌肉没有 ü 那样紧张,圆唇的程度也比 ü 松一些。"姑"(gū)、"枯"(kū)、"呼"(hū)几个字音里的元音就是这个音。

o 是一个后元音。舌位比 u 较低,较后。舌面后部向软腭隆起,舌尖垂在下牙齿的底下,双唇稍圆,但不突出,肌肉并不紧张。"拨"(bō)、"坡"(pō)、"摸"(mō)几个字音里的元音就是这个音。

ü、u、o 这三个音,从舌位的前后来看,ü 最前,u 靠后,o 更后一些。从舌位的高低来看,ü、u 的舌位较高,o 的舌位比 u 要低。从圆唇的程度来看,ü 聚拢最紧,u 没有 ü 紧,o 最松。我们可以用图表表示如下:

发音 ＼ 元音	ü	u	o
舌位的前后	前	后	后
舌位的高低	高	高	半高
圆唇的程度	最紧	紧	较松

4. f、s、sh、r、h

这几个辅音有一个共同点,就是在发音时气流的通路很狭窄,但不完全阻塞住,让气流摩擦而出。这种音称为"擦音"。

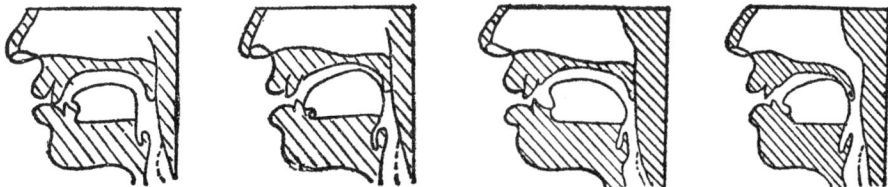

图 11 f、s、sh、r、h 发音部位

　　f 是下唇接触上齿,气流从唇齿之间摩擦出来的声音。"发"(fā)、"非"(fēi)、"翻"(fān)、"分"(fēn)几个字音里开头的辅音就是这个音。

　　s 是舌尖接触下齿背,上下齿间只留很小的缝,使气流从小缝里挤出来的声音。"苏"(sū)、"搜"(sōu)、"三"(sān)、"桑"(sāng)几个字音里开头的辅音就是这个音。

　　sh 是一个卷舌音。发 sh 的时候,舌尖卷起来,对着硬腭接近上齿龈的地方,留出很小的间隙,使气流摩擦而出。例如"沙"(shā)、"奢"(shē)、"稍"(shāo)、"收"(shōu)的辅音都是 sh。注意:念 sh 的时候,唇不向外突出。sh 写为两个字母,实际上所代表的是一个音。h 只是一个记号,不读 g、k、h 的 h。

　　r 的舌位和 sh 相同,也是一个卷舌音,不过声带有颤动,摩擦的性质不如 sh 强。例如"柔"(róu)、"然"(rán)、"仍"(réng)、"容"(róng)的辅音都是 r。

　　h 是一个舌面后部的摩擦音,跟 g、k 的发音部位相同。发这个音的时候,舌尖放在下齿跟下齿龈之间,舌面后部接近软腭,留一很窄的空隙,使气流摩擦而出。"喝"(hē)、"黑"(hēi)、"忽"(hū)、"欢"(huān)的辅音都是这个音。

练习(二)

　　1. 读 ü、u、o 三个元音,比较三个音圆唇的程度。o 是一个单元音,如"坡"(pō)、"博"(bó)、"摸"(mō)、"摩"(mó)的元音都是 o,读 o 的时候要读成一个单音,不能读成"多、托"里面的复合元音"uo",也不能读成"钩、兜"里面的复合元音"ou"。

　　2. 读下列的汉字,辨别 e、o 两个音:

e: 得　特　歌　革　葛　个

o: 波　博　坡　婆　摸　摩①

3. 按照北京音的四个声调(四声)读 ü、u、o 三个元音(即 ū、ú、ǔ、ǜ; ū、ú、ǔ、ù; ō、ó、ǒ、ò)。

4. 拼读下列的音节:

b a　p a　f a　　b u　p u　f u　　b o　p o　f o

s e　sh e　h e　　s a　sh a　h a　　s u　sh u　h u

5. 辨别下列的声音:

sǎ(洒): shǎ(傻)　 sè(色): shè(社)　 sù(速): shù(树)

hū(呼): fū(麸)　 hú(湖): fú(浮)　 hǔ(虎): fǔ(斧)

hù(户): fù(父)

6. 念下列的单词:

fā(发)　　　fá(罚)　　　bō(拨)　　　pō(泼)

bù(布)　　　bǔ(补)　　　dú(读)　　　dù(渡)

tū(秃)　　　tú(图)　　　kū(哭)　　　kǔ(苦)

hē(喝)　　　hé(和)　　　shè(射)　　　shé(舌)

bùpǐ(布匹)　　　pǔsù(朴素)　　　pùbù(瀑布)

fùshǔ(附属)　　　dìtú(地图)　　　tǔdì(土地)

gūdú(孤独)　　　shūfu(舒服)　　　hútu(糊涂)

kèfú(克服)

7. 把下列的词用拼音字母写出来:

速度　宿舍　姑姑　辜负　答复　布谷

───────────

① "o"只跟 b、p、m、f 拼。

5. ie、üe

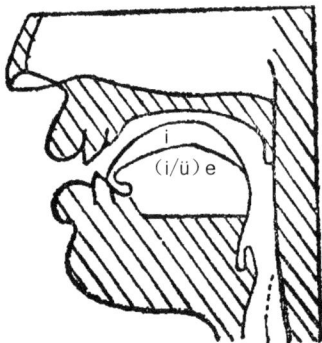

图 12　(i/ü)e 的舌位

这是两个元音拼合在一起的复合元音。e 在这里跟前面所说的 de、te 里面的 e 不同:de、te 里的 e 是央元音;ie、üe 里的 e 是前元音。

发这个前元音 e 的时候,舌尖部分抵在下齿龈,舌面中部向硬腭隆起,舌位比 i 低,而且偏后(见图 12)。这个音在北京音的系统里绝不作为单个的元音出现,它总是跟 i 或 ü 拼合在一起,构成复合元音。例如"街"(jiē)、"切"(qiē)、"别"(bié)、"贴"(tiē)、"缺"(quē)、"靴"(xuē)等字音里的 e 不是跟 i 拼合,就是跟 ü 拼合。

i、ü 跟 e 拼在一起,读起来,口腔先窄后宽,听起来,后面的音比前面的音要响亮得多,这样的复合元音,称为后响的复合元音,或称上升的复合元音。读后响的复合元音,由前面的音很快就滑到后面的音,后面的音是主要元音。

ie 跟 üe 的区别在于读 ie 不圆唇,读 üe 要圆唇。我们可以比较:

　　"街"(jiē):嗟(juē)　　　　"切"(qiē):缺(quē)

　　"歇"(xiē):靴(xuē)

左边都是不圆唇的,右边都是圆唇的。üe 的 e 本来是不圆唇的元音,但是受了 ü 的影响,也就圆唇化了。

6. j、q、x

这一组的音跟前面所讲的 g、k、h 不同。前面所讲的 g、k、h 都是舌面后音,这一组都是舌面前音。舌面后音的 g、k、h 在北京语音里永远不跟 i、ü 相拼;这一组音只跟 i、ü 和带有 i、ü 的复合元音相拼,不跟其他的元音直接相拼,恰恰相反。

这一组前两个音的发音部位和发音方法是:发音的时候,舌尖放在下齿后面,舌面前部跟硬腭前部接触,阻塞住气流的通路,然后很快地放开,留出一个小缝,使气流挤出(见图 13),例如"今"(jīn)、"亲"(qīn)。

这样的音,在发音过程中是先闭塞,后摩擦,所以称为"塞擦音"。塞擦音的发音状态是复合的,但发出的音是一个音,不是两个音。它跟塞音(如 b、d、g)的区别在于塞音除阻以后是突然的爆发,而塞擦音由闭塞到摩擦是一个很快的过渡,闭塞之后没有突然的爆发,就除去阻塞,留出一个小缝来,使气流挤出。

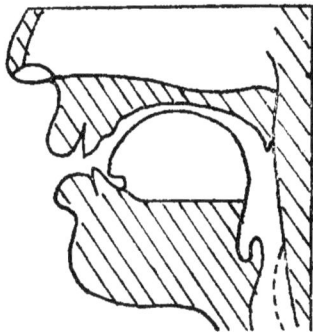

图 13　j、q、x 的发音部位

j、q 两个音,发音部位相同,不过 j 是不送气的,q 是送气的。例如"基"(jī)、"加"(jiā)、"今"(jīn)、"间"(jiān)的辅音都是不送气的,"期"(qī)、"切"(qiē)、"千"(qiān)、"侵"(qīn)的辅音都是送气的。

x 是一个摩擦音。发这个音的时候,舌尖放在下齿后面,舌面前部接近硬腭的前部,留一个小缝,使气流摩擦而出。例如"西"(xī)、"新"(xīn)、"先"(xiān)、"香"(xiāng)的辅音都是这个音。

j、q、x 经常跟 ü 在一起相拼,为了书写的方便,ü 上的两点不用加,因为 j、q、x 是不跟 u 相拼的。ju（居）、qu（区）、xu（虚）后面的 u 一定念为 ü。

练习（三）

1. 读单元音的时候，口部可以维持不变；ie、üe 是复合元音，读的时候，口腔要由窄而开。对着小镜子读 i 跟 ie、ü 跟 üe，注意口腔开张的情况和不圆唇与圆唇的区别。

2. 对着小镜子读 ji、qi，要掌握正确的发音方法和发音部位。注意：舌尖要放在下齿的后面。

3. 练习拼音：

　　j　ie → jie（街）　　　q　ie → qie（切）

　　j　ue → jue（撅）　　　q　ue → que（缺）

4. 读下列一些音节：

（1）jī（鸡）　　　jí（急）　　　jǐ（几）　　　jì（记）

　　jū（拘）　　　jú（局）　　　jǔ（举）　　　jù（具）

　　qī（欺）　　　qí（奇）　　　qǐ（起）　　　qì（气）

　　qū（区）　　　qú（渠）　　　qǔ（取）　　　qù（去）

　　xī（西）　　　xí（习）　　　xǐ（洗）　　　xì（细）

　　xū（虚）　　　xú（徐）　　　xǔ（许）　　　xù（序）

（2）jiē（街）　　　jié（节）　　　jiě（解）　　　jiè（借）

　　juē（撅）　　　jué（决）　　　juě（蹶）　　　juè（倔）

　　qiē（切）　　　qié（茄）　　　qiě（且）　　　qiè（窃）

　　quē（缺）　　　qué（瘸）　　　quě（　）　　　què（确）

xiē（歇）　　xié（鞋）　　xiě（写）　　xiè（谢）

xuē（靴）　　xué（学）　　xuě（雪）　　xuè（血）

5. 读下列一些词：

jīqì（机器）　　　dǎjī（打击）　　　jìshù（技术）

jítǐ（集体）　　　bǐjì（笔记）　　　shūjí（书籍）

xìjù（戏剧）　　　jùdà（巨大）　　　jiějie（姐姐）

héxié（和谐）　　xièxie（谢谢）　　jiējí（阶级）

jīxiè（机械）　　jūshu（拘束）　　jiéshù（结束）

jiějué（解决）　　xuéxí（学习）

6. 注意："一、七、八"读阴平调，"不"读去声调，但"一、七、八、不"如果在去声的前头就都要念为阳平调①：

一个（yégè）　　七月（qíyuè）　　　八月（báyuè）

不去（búqù）　　不借（bújiè）

7. 把下列的词用拼音字母写出来：

极　寄　骑　锯　撒　送　贴　铁

气体　　歌曲　　器具　　剥削　　蝴蝶　　射击

别墅　　的确　　皮鞋　　确切　　哭泣　　喜鹊

7. 　ai、ei、ao、ou

这一组都是复合元音，但跟 ie、üe 不同。ie、üe 是后响的复合元音，这一组都是前响的复合元音。ai、ei 的第二个元音都是 i，i 没有 a、e 响亮；ao 的第二个元音是 o，o 没有 a 响亮；ou 的第二个元音是 u，u 也没有 o

---

① "一、七、八"在词中的变调我们这里只是举例，书中其他地方都只标原调，读者练习时要注意读准。

响亮;所以称为前响的复合元音,或称为下降的复合元音。

　　ai 里的 a 比前面所说的 a 舌位偏前,它是一个前元音。读 ai 的时候,舌位由 a 移向 i,但没有达到 i 那样高。"该"(gāi)、"来"(lái)、"开"(kāi)、"埋"(mái)字音里辅音后面的音都是 ai。

　　ei 里的 e 比直接跟声母相拼的 e (如 de、ge)舌位偏前,它是一个前元音,但又比 ie 的 e 舌位稍高一些。读 ei 的时候,舌位由 e 移到接近 i 的地位。"杯"(bēi)、"非"(fēi)、"黑"(hēi)、"雷"(léi)、"眉"(méi)字音里辅音后面的音都是 ei。

　　ai、ei 的尾音都是 i,但是 ai 的主要元音是 a,ei 的主要元音是 e,a 比 e 的舌位低,口腔开张度大,所以 ai、ei 的口腔开张度是不一样的。ai 比 ei 口腔要张得大些。

　　ao、ou 的尾音不同。ao 的尾音介于 u、o 之间,读 ao 的时候,舌位由 a 移向 o,比 u 的舌位稍稍低一些,同时嘴唇由不圆唇变为圆唇。读 ou 的时候,舌位由 o 移到接近 u 的地位,圆唇的程度由松变紧。例如"包"(bāo)、"刀"(dāo)、"高"(gāo)辅音后面的音都是 ao,"兜"(dōu)、"偷"(tōu)、"钩"(gōu)辅音后面的音都是 ou。

8. ｜ z、c ｜

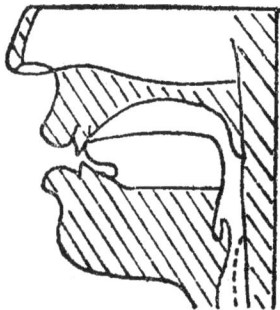

图 14　z、c 的发音部位

　　z、c 是跟 s 同部位的辅音。不过 s 是擦音,z、c 是塞擦音。发这两个音的时候,舌尖抵住上齿背,形成阻塞,然后很快地放开,留一个小缝,使气流挤出(见图 14)。

　　z、c 两个音的分别在于 z 是不送气音,c 是送气音。例如"栽"(zāi)、"遭"(zāo)、"租"(zū)、

"簪"（zān）的辅音是 z，"猜"（cāi）、"操"（cāo）、"粗"（cū）、"餐"（cān）的辅音是 c。

练习（四）

1. 练习把两个元音拼合在一起，口腔先开后合，读成一个音节：

a　i→ai　　　e　i→ei　　　a　o→ao　　　o　u→ou

2. 练习读 z、c 两个音，注意这两个音的发音部位与 j、q 两个音有什么不同。

3. 念下列的音节：

（1）bāi（掰）　　　pāi（拍）　　　gāi（该）　　　cāi（猜）

　　　bái（白）　　　pái（排）　　　hái（孩）　　　cái（才）

　　　bǎi（百）　　　gǎi（改）　　　zǎi（宰）　　　cǎi（采）

　　　bài（拜）　　　gài（盖）　　　zài（在）　　　cài（菜）

（2）bēi（杯）　　　pēi（胚）　　　fēi（飞）

　　　bèi（备）　　　pèi（配）　　　fèi（肺）

（3）bāo（包）　　　pāo（抛）　　　hāo（蒿）　　　zāo（糟）

　　　báo（薄）　　　páo（袍）　　　háo（壕）　　　záo（凿）

　　　bǎo（保）　　　pǎo（跑）　　　hǎo（好）　　　zǎo（早）

　　　bào（抱）　　　pào（炮）　　　hào（号）　　　zào（造）

（4）dōu（兜）　　　gōu（钩）　　　kōu（抠）

　　　dǒu（斗）　　　gǒu（狗）　　　kǒu（口）

　　　dòu（豆）　　　gòu（够）　　　kòu（扣）

4. 念下列的一些词：

àihù（爱护）	àihào（爱好）	cǎiqǔ（采取）①
cáifù（财富）	dǎdǎo（打倒）	hǎidǎo（海岛）
gǎigé（改革）	jièshào（介绍）	jiēshòu（接受）
bǎoshǒu（保守）	kěkào（可靠）	gòuzào（构造）
pèifu（佩服）	pèihé（配合）	tàidu（态度）

5. 把下列的词用拼音字母写出来：

给　倍　手　熟　粗　醋　考　扫　收

代替　大概　草稿　督促　提高　报告　保护

接待　预备　鱼鳃　葡萄　灾害　白菜

9. ｜ ia、iao、iou ｜

这一组都是以 i 起头的复合元音。ia 是二合元音，iao、iou 是三合元音。

ia 是 i 跟 a 拼合在一起的，a 是主要元音。ia 是后响的复合元音。"家"（jiā）、"假"（jiǎ）、"虾"（xiā）、"夏"（xià）辅音后的音都是 ia。

iao 是 i 跟 ao 拼合在一起的，i 是头音，a 是主要元音，o 是尾音。这种三合元音都是两头弱中间强的，也就是先上升后下降。"交"（jiāo）、"敲"（qiāo）、"脚"（jiǎo）、"巧"（qiǎo）辅音后的音都是 iao。

iou 是 i 跟 ou 拼合在一起的，i 是头音，o 是主要元音，u 是尾音。这个复合元音在读阴平调和阳平调时，读成 iᵒu，o 音不很显著，接近于 iu；但在读上声调和去声调的时候，o 音就非常清楚，不读 iᵒu。例如"丢"

---

① 两个上声调连在一起念，前面的上声变为阳平调。如 cǎiqǔ → cáiqǔ、dǎdǎo → dádǎo，在这里一律按原调标，念的时候要注意。

（diōu）、"牛"（nióu）、"溜"（liōu）、"留"（lióu）、"纠"（jiōu）、"秋"（qiōu）、"求"（qióu）、"休"（xiōu）等都读 iᵒu，"纽"（niǔ）、"柳"（liǔ）、"六"（liòu）、"九"（jiǔ）、"朽"（xiǔ）、"袖"（xiòu）等都读 iou。无论读 iᵒu 或读 iou，尾音 u 都是一个读得比较松的 u，不是一个紧的 u。iou 是拼音的基本式，为拼写的简便，iou 的前面有辅音的，iou 一律省写为 iu。声调符号标在 u 上。例如"求"（qiú）。

练习（五）

1. 练习拼音：

　　i　a → ia　　　j　ia → jia　　　q　ia → qia

　　i　ao → iao　　j　iao → jiao　　q　iao → qiao

　　i　ou → iou　　j　iou → jiou　　q　iou → qiou

2. 把 ia、iao、iou 按照北京音的四声念成四个不同的调子：

　　iā　　　iá　　　iǎ　　　ià

　　iāo　　iáo　　iǎo　　iào

　　iōu　　ióu　　iǒu　　iòu

3. 念下面一些词：

　　shǒubiǎo（手表）　　tiáohé（调和）　　piāofú（漂浮）

　　piǎobái（漂白）　　　diāokè（雕刻）　　shǔjià（暑假）

　　xǔjiǔ（许久）　　　　jiùjiu（舅舅）　　juéqiào（诀窍）

　　xiàqu（下去）　　　　xiūxi（休息）　　xuéxiào（学校）

4. 念下面一些词，并且想想所代表的意思：

　　jiā　　　jiāo　　jiǔ　　jiù

qiāo　　qiáo　　qiǎo　　qiú

xiā　　xià　　xiāo　　xiào

5. 用拼音字母把下面的词写出来：

假期　交际　焦急　铁锹　接洽　叫嚣

腐朽　丢掉　芭蕉　皮球　比较　吓唬

6. 有些方言有 zi、ci、si 一类的声音，北京音里没有，凡 z、c、s 和 i 或 i 打头的韵母相拼，声母一律读 j、q、x。例如：

z → j

济际脊即积绩疾籍集；

姐借节接捷截；焦蕉椒；酒就

c → q

妻沏齐七漆戚；

切且窃；锹樵峭；秋鞧囚

s → x

西洗细惜息析席习锡；

些写；消销萧小笑；修秀

北京音里也没有 zü、cü、sü 这样的音。

10. | ua、uo、uai、uei |

这一组都是以 u 起头的复合元音。ua、uo 是二合元音，uai、uei 是三合元音。

ua 的主要元音是 a。u 跟 a 拼合在一起是后响的复合元音。如"瓜"（guā）、"夸"（kuā）、"花"（huā）辅音后面都是 ua。

uo 的主要元音是 o，uo 也是后响的复合元音。例如"多"（duō）、"托"

（tuō）、"锅"（guō）、"阔"（kuò）辅音后面都是 uo。uo 不能跟 b、p、m、f 拼。

uai 是 u 跟 ai 拼合在一起的。u 是头音，a 是主要元音，i 是尾音。如"怪"（guài）、"快"（kuài）、"坏"（huài）辅音后面都是 uai。uai 只跟 g、k、h；zh、ch、sh 相拼。

uei 是 u 跟 ei 拼合在一起的，u 是头音，e 是主要元音，i 是尾音。这个复合元音在读阴平调和阳平调的时候，读为 u°i，e 音不很显著，接近于 ui；但在读上声调和去声调的时候，e 音就非常显著，不读作 uei。例如"堆"（duēi）、"推"（tuēi）、"催"（cuēi）、"随"（suéi），读 u°i，"对"（duèi）、"退"（tuèi）、"腿"（tuěi）、"碎"（suèi）都读 uei。无论读 u°i 或读 uei，尾音 i 都是一个读得比较松的 i，不是一个紧的 i。uei 是拼音的基本式，为了拼写的简便，uei 的前面有辅音的，uei 一律省写为 ui。声调符号标在 i 上，例如"对"（duì）。

11. zh、ch

zh、ch 是两个塞擦辅音，发音部位和 sh、r 一样，舌尖也是卷起来的（见图 15）。我们虽然写做两个字母，实际代表一个音。z、c 后面的 h 只是一个记号，并不读为 g、k、h 的 h。

例如"渣"（zhā）、"遮"（zhē）、"招"（zhāo）、"周"（zhōu）、"毡"（zhān）、"珍"（zhēn）、"张"（zhāng）、"争"（zhēng）、"珠"（zhū）的辅音

图 15 zh、ch 的发音部位

都是 zh；"插"（chā）、"车"（chē）、"抄"（chāo）、"抽"（chōu）、"昌"（chāng）、

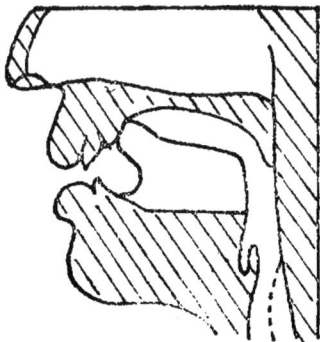

"称"（chēng）、"初"（chū）的辅音都是 ch。

练习（六）

1. 练习拼音：

u a → ua   g ua → gua   k ua → kua

u o → uo   g uo → guo   k uo → kuo

u ai → uai   g uai → guai   k uai → kuai

u ei → ui   g uei → gui   k uei → kui

2. 要把 zh、ch、sh、r 四个辅音读对，必须掌握它的发音部位。舌尖翘起要离开门齿，才能读得对。同时还要注意唇不要突出。练习念：

zh—ch—sh—r	z—zh—zh—z
zh—ch—sh—r	c—ch—ch—c
z—c—s	s—sh—sh—s
z—c—s	zh—z—ch—c

3. 对照着读下面的音节，注意分别 zh、ch、sh 和 z、c、s：

zhē（遮） chē（车） shē（奢）	zé（则） cè（侧） sè（色）
zhāi（斋） chāi（拆） shāi（筛）	zāi（灾） cāi（猜） sāi（鳃）
zhāo（招）chāo（超）shāo（烧）	zāo（糟） cāo（操） sāo（搔）
zhōu（舟）chōu（抽）shōu（收）	zōu（邹） còu（凑） sōu（搜）

4. 读下面的单词：

zhā（渣）   zhá（闸）   zhē（遮）   zhè（这）

zhǎi（窄）   zhài（债）   chā（插）   chá（茶）

chuī（吹）　　cuī（催）　　zhuì（坠）　　zuì（最）

shuì（睡）　　suì（岁）　　zhuī（追）　　chuí（捶）

duì（队）　　cuì（脆）　　zhuài（拽）　　chuài（踹）

guā（刮）　　guō（锅）　　huó（活）　　zuǒ（左）

5. 读下面的词语：

guīhuà（规划）　　　shèhuì（社会）　　　guójiā（国家）

huǒchái（火柴）　　　huàxué（化学）　　　túhuà（图画）

shōuhuò（收获）　　　huāduǒ（花朵）　　　shuǐguǒ（水果）

hàozhào（号召）　　　kǎochá（考查）　　　chēzhóu（车轴）

qìchē（汽车）　　　　shuìjiào（睡觉）　　　hòutuì（后退）

duōshao（多少）　　　duǒbì（躲避）　　　páihuái（徘徊）

hǎochu（好处）　　　huàichu（坏处）　　　hàichu（害处）

chūqu（出去）　　　　huíqu（回去）　　　zuòxia（坐下）

tuīkai（推开）　　　　chāikai（拆开）　　　chěkai（扯开）

zuòzhe（坐着）　　　guàzhe（挂着）　　　suízhe（随着）

qùguo（去过）　　　　xuéguo（学过）　　　shuōguo（说过）

hēchá（喝茶）　　　　shuōhuà（说话）　　　chǎocài（炒菜）

chúcǎo（锄草）　　　kāihuì（开会）　　　zhège（这个）

bùduì（不对）①　　　chàbuduō（差不多）

6. 用拼音字母把下面的词写出来：

水珠　嘱咐　助手　著述　过渡　掣肘　击退

夺取　堆积　突出　摆脱　概括　规矩　古怪

夸大　扩大　发挥　毁坏　或者　超过

---

① "不对"作为"错误"的意思，分写；作为"不正常"的意思，连写。

12. │ m、n、ng、l │

这四个辅音都是浊音,发音的时候,声带都是颤动的。

m 是双唇闭拢发出来的鼻音,发音部位跟 b、p 相同(见图 16)。如"麻"(má)、"模"(mó)、"买"(mǎi)、"美"(měi)、"满"(mǎn)、"慢"(màn)的辅音都是 m。

n 是舌尖抵住上齿龈发出来的鼻音,发音部位跟 d、t 相同(见图 17)。如"拿"(ná)、"内"(nèi)、"难"(nán)、"你"(nǐ)的辅音都是 n。n 可以在一个音节的开头,也可以在一个音节最末。如 en、in、uen、ün、an、ian、uan、üan、–n 都是一个音节的尾音。

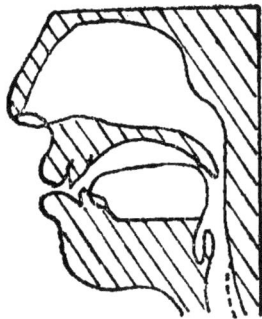

图 16 m 的发音部位　　　　图 17 n 的发音部位

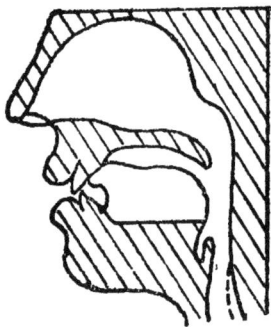

ng 是舌面后部抵住软腭发出来的鼻音,发音部位跟 g、k 相同(看图 18)。我们虽然写作两个字母,实际代表一个音。这个辅音只结合在 a、e、i、o 的后面,如 ang、iang、uang、eng、ing、ong、iong 等,不做一个音节开头的辅音用。读这个音并不难,可以先准备念 g,然后软腭前移,发出鼻音,就是 ng。

l 的发音部位跟 d、t 相同。发 l 音的时候,舌尖抵住上齿龈,造成阻塞,使气流从两边流出,因此这个音称为"边音"(见图 19)。例如"来"(lái)、"老"(lǎo)、"兰"(lán)、"冷"(lěng)的辅音都是 l。

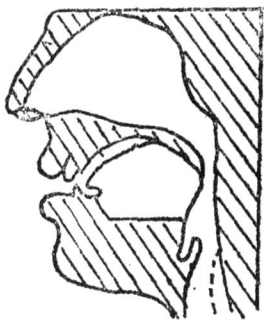

图 18　ng 的发音部位　　　　图 19　l 的发音部位

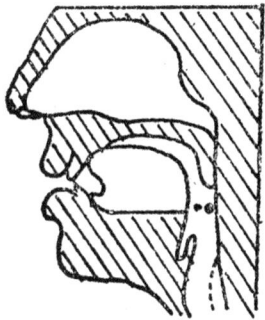

l 跟 m、n、ng 虽然都是浊音,可是 m、n、ng 是鼻音,l 是口音。发鼻音的时候,软腭下垂,气流从鼻腔流出;发口音的时候,软腭抵住咽头后壁,使气流不能流入鼻腔,只能流入口腔,这是有分别的。有些方言 n、l 分不清,应当注意。n、l 舌头的位置相同,只是发音方法不同。n 是鼻音,l 是口音。

13. an、en、ang、eng

这一类音在元音后面都有鼻音尾音。an、en 的尾音是 n;ang、eng 的尾音是 ng。

an 是 a 跟 n 拼合在一起的音。读 a 之后,随着把舌尖抵住上齿龈,软腭同时下垂,发出轻微的鼻音 n。例如"班"(bān)、"单"(dān)、"竿"(gān)、"兰"(lán)辅音后面都是 an。

en 是 e 跟 n 拼合在一起的音。读 e 的时候,舌头放平,接近于静止的位置,随后即发出一个强的鼻音 n。例如"奔"(bēn)、"盆"(pén)、"根"

（gēn）、"痕"（hén）辅音后面都是 en。

　　ang 是 a 跟 ng 拼合在一起的音。ng 是一个舌根鼻音,在这里声音并不很强。读 a 之后,紧接着就软腭垂下,抵住舌根,发出鼻音 ng。例如"帮"（bāng）、"当"（dāng）、"刚"（gāng）、"张"（zhāng）辅音后面都是 ang。

　　eng 是 e 跟 ng 拼合在一起的音。ng 比较强。这里的 e 比 en 里的 e 舌位稍低稍后。例如"朋"（péng）、"灯"（dēng）、"耕"（gēng）、"增"（zēng）辅音后面都是 eng。

　　上面所说的 an、en、ang 都可以单独成为一个音节,唯独 eng 不独立成为一个音节,它的前面一定要有辅音。

练习（七）

　　1.注意分辨 n、l。把舌尖抵住上齿龈不放,使气流从鼻腔出来就是 n;用手把鼻孔捏住,把舌尖抵住上齿龈不放,使气流从舌的两侧流出来就是 l。试试看。

　　2.念下列的音节,分辨 n、l:

　　　ná（拿）　　lá（捋）　　ní（泥）　　lí（离）　　nú（奴）　　lú（炉）

　　　nǔ（女）　　lǔ（吕）　　náo（挠）　　láo（劳）　　niǎo（鸟）

　　　liǎo（了）　　nuó（挪）　　luó（骡）　　niú（牛）　　liú（留）

　　3.念下列的音节,分辨 an、ang:

bān（班）	pān（攀）	mán（蛮）
bāng（帮）	páng（旁）	máng（忙）
dān（丹）	tān（滩）	nán（难）
dāng（当）	tāng（汤）	náng（囊）

gān（竿）　　　　kān（刊）　　　　hán（寒）

gāng（钢）　　　kāng（康）　　　háng（杭）

zhān（毡）　　　chān（搀）　　　shān（山）

zhāng（章）　　　chāng（昌）　　　shāng（商）

zān（簪）　　　　cān（餐）　　　　sān（三）

zāng（脏）　　　cāng（仓）　　　sāng（桑）

4. 念下列的音节，分辨 en、eng：

bēn（奔）　　　　pén（盆）　　　　mén（门）

bēng（崩）　　　péng（朋）　　　méng（蒙）

zhēn（真）　　　chén（晨）　　　shén（神）

zhēng（争）　　　chéng（城）　　　shéng（绳）

gēn（根）　　　　kěn（肯）　　　　hén（痕）

gēng（耕）　　　kēng（坑）　　　héng（横）

5. 念下列的词，并且想想所代表的意思：

rén　　lái　　néng　hěn　mǎi　mài　zhàng　ràng　chàng

mǎn　shēn　pàng　bàn　fēn　fēng　fáng　dēng

6. 念下面的词：

zhǎnlǎn（展览）　　shēngchǎn（生产）　　shènglì（胜利）

mófàn（模范）　　　fúnǚ（妇女）　　　　nǔlì（努力）

mèimei（妹妹）　　　lǐtáng（礼堂）　　　cāngkù（仓库）

gāngtiě（钢铁）　　hánlěng（寒冷）　　　mùbiāo（目标）

cānkǎo（参考）　　　chéngrèn（承认）　　gǔlì（鼓励）

dēngjì（登记）　　　gēngzhèng（更正）　　cànlàn（灿烂）

mìfēng（蜜蜂）　　　dòuzhēng（斗争）　　fèndòu（奋斗）

fāngzhēn（方针）　　lǔmǎng（鲁莽）　　　zǒuláng（走廊）

　　nǐmen（你们）　　　　　shénme（什么）　　　　zěnme（怎么）

7.用拼音字母把下面的词写出来：

　　牛奶　耐劳　热闹　奴隶　脑力　内部　牢固　礼貌

　　能力　辽阔　等候　党派　煤炭　土壤　仍旧　根本

　　丰富　章程　整齐　政策　篮球　生长

14. | ian、uan、üan |

　　这些音都是 an 的前面加上 i、u、ü 所构成的音节,可以举"烟、弯、渊"三个字音为代表。这里面 i、u、ü 是头音,a 是主要元音,n 是尾音。不过 ian、üan 里面的 a 跟 uan 里面的 a 在读音上略有不同。

　　ian、üan 里面的 a 因为受了前元音 i、ü 的影响,已经不是后元音 a,而变成有些像 ie、üe 里面的 e 了。ian 里的 ia,实际要读成像 ie 的音;üan 里的 üa,实际要读成像 üe 的音。例如"天"（tiān）、"尖"（jiān）、"连"（lián）的 ia,"涓"（juān）、"圈"（quān）、"宣"（xuān）的 üa,a 的音值很清楚已经改变了。üan 在 j、q、x 后面,ü 的两点省去不写。

　　至于 uan 里面的 a 就没有变,因为 a 的前面是 u,u 是后元音,所以 a 还读后元音 a,例如"端"（duān）、"关"（guān）、"转"（zhuǎn）、"窜"（cuàn）都是如此。

15. | in、uen、ün |

　　这三个音节可以举"因、温、云"三个字音为代表。in 的主要元音是 i,ün 的主要元音是 ü,uen 的主要元音是 e。

　　ün 在单独成为音节时,ü、n 之间有一个轻微的 i,但不显著,所以写

作 ün。ün 在 j、q、x 后面，ü 的两点省去不写。

uen 在单独成为音节时，元音 e 比较显著。如果前边有辅音，有时显著，有时就不显著，随着辅音而异。例如"昆"（kuēn）、"婚"（huēn）是比较显著的，"尊"（zuᵉn）、"村"（cuᵉn）是不显著的。如果一个音节读上声调或去声调的时候，e 一般是比较显著的。uen 是拼写法的基本式，为拼写的简便，uen 的前面有辅音的，uen 一律省写为 un。声调符号标在 u 上。

练习（八）

1. 练习拼音：用左边的辅音跟右上方的音相拼，有圈的都是有字的音，加 × 的是没有字的音。注意左边两行之间音素的异同，右边两行之间音素的异同，并且注意左右两边的主要元音是否相同。

	an	uan		ian	üan
b	○	×	b	○	×
d	○	○	d	○	×
g	○	○	j	○	○
zh	○	○	q	○	○
z	○	○	x	○	○

2. 把下面每个音节按照北京音的四声念出来：

an　ian　uan　üan

en　in　uen　ün

3. 念下面的音节，有鼻音尾音的要读清楚：

iē ié iě iè　　iān ián iǎn iàn

üē üé üě üè　　üān üán üǎn üàn

4. 念下面的单词：

biān（编）	piān（篇）	tiān（天）	nián（年）
xiān（先）	qián（前）	jiān（间）	xián（咸）
kuān（宽）	chuán（船）	zuān（钻）	chuān（穿）
tūn（吞）	qún（群）	nín（您）	

jiēduàn（阶段）　　　　　　xùnliàn（训练）

xuānchuán（宣传）　　　　　biànqiān（变迁）

chūntiān（春天）　　　　　　biānzuǎn（编纂）

ānquán（安全）　　　　　　tiándì（田地）

tuántǐ（团体）　　　　　　　shùnlì（顺利）

xiànfǎ（宪法）　　　　　　　xìnxīn（信心）

xūnzhāng（勋章）　　　　　　fùqin（父亲）

mǔqin（母亲）　　　　　　　rénmín（人民）

qiánbian（前边）　　　　　　biāozhǔn（标准）

5. 用拼音字母把下列的词写出来：

见解　连接　谦虚　理论　端正　电灯　专家　转变

迅速　观察　习惯　锻炼　挑选　教训　虽然　传染

选举权　入场券　图书馆　纪念品

16. iang、uang

这两个音节是 i、u 加在 ang 的前面所构成的。i、u 是头音，a 是主要元音，ng 是尾音。例如"江"（jiāng）、"强"（qiáng）、"凉"（liáng）辅音后面都是 iang，"光"（guāng）、"黄"（huáng）、"床"（chuáng）辅音后面都是 uang。

17.　| ing、ueng、ong、iong |

这四个音节元音后面都有尾音 ng。

ing、ueng 可以举"英、翁"两个字音为代表。ueng 是 u 跟 eng 构成的音节,只有"翁、瓮"少数的几个字读这个音,开头都没有辅音。在拼写这个音节的时候,要写作 weng（见后本章 20 节）。

ong 的读音接近于 ung,只是舌位稍低。例如"公"（gōng）、"空"（kōng）、"笼"（lóng）辅音后面都是 ong。ong 不独立成为一个音节,它一定要跟辅音相拼。iong 是 i 和 ong 构成的。它的读音近于 üng,iong 只跟 j、q、x 相拼。例如"兄"（xiōng）、"穷"（qióng）辅音后面都是 iong。

练习（九）

1. 练习拼音（左边的辅音跟右上方的音相拼）：

	ang	uang	eng	ong		iang	ing	iong
g	○	○	○	○	j	○	○	○
k	○	○	○	○	q	○	○	○
h	○	○	○	○	x	○	○	○

2. 把下面每个音节按照北京音的四声念出来：

ang　iang　uang

eng　ing　ueng

ong　iong

3. 念下面的音节,注意分辨 in、ing:

bīn（宾）	bīng（冰）	pīn（拼）	pīng（乒）	mín（民）	míng（明）
dīn（　）	dīng（钉）	tīn（　）	tīng（听）	nín（您）	níng（宁）
jīn（今）	jīng（京）	qīn（亲）	qīng（轻）	xīn（新）	xīng（兴）

4. 念下面的单词:

Zhōngguó（中国）　　　　Běijīng（北京）

gōngrén（工人）　　　　nóngmín（农民）

guāngróng（光荣）　　　xíngdòng（行动）

gémìng（革命）　　　　chuàngzào（创造）

xìngfú（幸福）　　　　értóng（儿童）

xiāngcūn（乡村）　　　tōngxùn（通讯）

qìngzhù（庆祝）　　　　qīngchu（清楚）

lǐngxiù（领袖）　　　　mìnglìng（命令）

shāngliang（商量）　　　xiǎngliàng（响亮）

qúnzhòng（群众）　　　niánlíng（年龄）

gōngchǎng（工厂）　　　jiěfàngjūn（解放军）

gòngchǎndǎng（共产党）　guóqìngjié（国庆节）

dòuzhēngxìng（斗争性）

5. 用拼音字母把下列的词写出来:

将来　听讲　风景　青年　贡献　明显　倾向

精神　公共　共同　航空　成功　爽快　柠檬

清洁　轻松　典型　情形　平均　现象　服装

尊敬　种类　方向　总结　旋床

18. (z)i、(zh)i

i 是一个舌面的前元音,在前面已经谈过了。这里的 i 跟前面所说的 i 不同,它代表两个舌尖元音:一个是舌尖对着上齿所发的元音,一个是舌尖卷起来对着硬腭前缘所发的元音(见图 20)。前一个是舌尖前元音,只在 z、c、s 后面出现;后一个是舌尖后元音,只在 zh、ch、sh、r 后面出现。

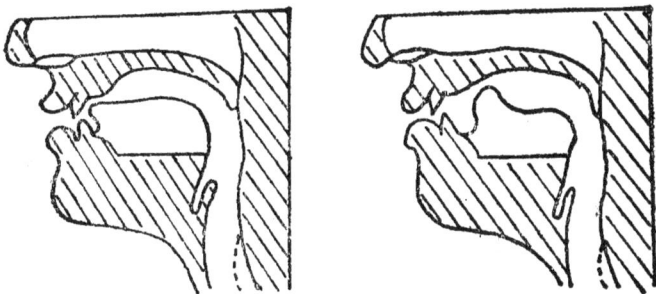

图 20 (z)i、(zh)i 的舌位

从历史来源上看,这两个音原来都是舌面前元音 i,i 在 z、c、s 后面,受了 z、c、s 的影响,变成一个辅音化的舌尖前元音;同样 i 在 zh、ch、sh、r 后面,受了 zh、ch、sh、r 的影响,变成一个辅音化的舌尖后元音。这两个音性质相近,都是舌尖的辅音化元音,所以用一个字母来代表。通常称为 "舌尖元音",也称为 "声化元音"。

例如"资"(zī)、"瓷"(cí)、"此"(cǐ)、"四"(sì)、"知"(zhī)、"池"(chí)、"尺"(chǐ)、"是"(shì)都用 i 拼写,实际并不读舌面元音 i。i 在 z、c、s 后一律读声化的舌尖前元音,i 在 zh、ch、sh、r 后一律读声化的舌尖后元音。

练习(十)

1. 念下面几个音节,注意音节中的元音是怎样发出来的:

zhi　chi　shi　ri

zi　ci　si

2. 分辨左右两组的读音:

zhi：支枝之知直植　　　　　zi：姿资滋子姊紫

　　　职止址只纸指　　　　　　　自字

　　　志智至制质治

chi：吃池迟持齿尺　　　　　ci：雌词辞慈瓷此

　　　耻赤斥翅　　　　　　　　　次刺赐

shi：诗师尸施失湿　　　　　si：思私丝死四似

　　　时十识石食实　　　　　　　寺祀

　　　史使始是士示

　　　视世市柿试事

　　　式室释适

3. 读下列一些词:

zhīshi（知识）　　　　zhǐshì（指示）　　　　jiàoshī（教师）

kǎoshì（考试）　　　　shìjiè（世界）　　　　chéngshì（城市）

lìshǐ（历史）　　　　　zázhì（杂志）　　　　zhīchí（支持）

zhèngzhì（政治）　　　xíngshì（形式）　　　chíhuǎn（迟缓）

zītài（姿态）　　　　　sīxiǎng（思想）　　　tóuzī（投资）

cídiǎn（词典）　　　　cìxù（次序）　　　　　sìjì（四季）

4. 用拼音字母写出下列的一些词：

时间　实在　纺织　品质　停止　开始　限制

诗歌　自然　自己　公司　蚕丝　资料　瓷器

仔细　时事　事实　桌子　帽子

19. er

er 是一个卷舌音。在发元音 e 的时候，舌尖卷起来，对着硬腭前部，这样发出来的音就是 er。例如"儿"（ér）、"耳"（ěr）、"二"（èr）都是这个音（见图 21）。

r 写在 e 的后面，只是表示一个卷舌作用，并不等于卷舌辅音 zh、ch、sh、r 的 r。也不能先念 e，后念 r。

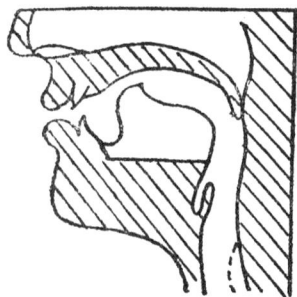

图 21　er 舌位图

普通话里有些词是带有 er 音的，这种词称为"儿化词"。例如"花儿、鸟儿"之类都是。这种词写成汉字是两个字，可是在实际语音中并不读为两个音节。"儿"（er）加在前面一个音节上就使得前面一个音节的元音变成卷舌的元音，合成一个儿化的音节。例如"花儿"不读"huā–er"，而读"huār"，念"a"的时候，舌尖就随着卷起来，念成一个卷舌的"a"就对了。因此在拼写儿化词的时候，只在末尾加上"r"。例如"花儿"写作"huār"、"鸟儿"写作"niǎor"、"歌儿"写作"gēr"、"沫儿"写作"mòr"。

儿化的音节有时发生变音，例如"尖儿"读"jiār"、"竿儿"读"gār"。但在拼写的时候，原来的音节照旧不改，只在末尾加 r。"尖儿"写作"jiānr"、"竿儿"写作"gānr"。

练习(十一)

1. er 是一个卷舌元音,读这个音时舌尖翘起,舌身向后移动,舌位比 zhi、chi、shi、ri 的元音稍后稍低。试按照图 21 发 ér、ěr、èr 三个音,要练习发得正确。

2. 儿化词学起来并不难。儿化主要是一个音节中的主要元音变成为卷舌元音,只要注意到这一点,就能学得会。念下面一些儿化词。有些有变音,需要注意。

花儿(huār)　　　　　　　　　画儿(huàr)

时候儿(shíhour)　　　　　　符号儿(fúhàor)

小数儿(xiǎoshùr)　　　　　　小鸟儿(xiǎo-niǎor)

小孩儿(xiǎoháir → xiǎohár)　　方块儿(fāngkuàir → fāngkuàr)

壶盖儿(húgàir → húgàr)　　　床单儿(chuángdānr → chuángdār)

一点儿(yīdiǎnr → yīdiǎr)　　　书本儿(shūběnr → shūběr)

花卷儿(huājuǎnr → huājuǎr)　　圆圈儿(yuánquānr → yuánquār)

小鸡儿(xiǎo-jīr → xiǎo-jīer)　　背心儿(bèixīnr → bèixīer)

小鱼儿(xiǎo-yúr → xiǎo-yúer)　树枝儿(shùzhīr → shùzhēr)

鸡子儿(jīzǐr → jīzěr)　　　　　镜框儿(jìngkuàngr)

电影儿(diànyǐngr)　　　　　　花瓶儿(huāpíngr)

从这些有变音的例子里,还可以看看有什么规律没有?

20. y、w

这两个音都是半元音,y 相当于 i, w 相当于 u。i、u 是元音,元音是不带摩擦音的,但是 y、w 两个字母所代表的音是带有轻微摩擦的 i、u,所以称为"半元音"。

北京音里,一个音节的开头如果是 i、u,而 i、u 之前没有辅音的时候,i、u 念起来总都带有轻微的摩擦音。因此我们把独立成为一个音节的 i、u 写作 yi、wu,把以 i、u 开头而前面再没有辅音的 i 写作 y、u 写作 w。如:

"衣"(yī)"牙"(yá)"夜"(yè)"摇"(yáo)"有"(yǒu)

"烟"(yān)"因"(yīn)"央"(yāng)"英"(yīng)"庸"(yōng)

"五"(wǔ)"瓦"(wǎ)"我"(wǒ)"外"(wài)"为"(wéi)

"弯"(wān)"文"(wén)"往"(wǎng)"翁"(wēng)

这种规定的写法,不仅可以接近实际语音,并且在多音词里有分别音节的作用。例如"义务"(yìwù),如果不采用 y 和 w,写成 iù,就分不出来是两个音节了。

ü、üe、üan、ün 几个音节,如果前面没有辅音的时候,一律加 y,ü 上的两点去掉。如:

"迂"(yū)"约"(yuē)"冤"(yuān)"晕"(yūn)

练习(十二)

1. 念下列一些词,注意 y、w 在拼写上的用途:

yīkuàir(一块儿)　　　yīdiǎnr(一点儿)

yīhuìr(一会儿)　　　yīfu(衣服)

yīshēng(医生)　　　yíwèn(疑问)

yìsi(意思)　　　yìshù(艺术)

yáchǐ(牙齿)　　　yāzi(鸭子)

yālì(压力)　　　yěwài(野外)

xuèyè（血液）　　　　　gōngyè（工业）

yāoqiú（要求）　　　　　dòngyáo（动摇）

yōuxiù（优秀）　　　　　zìyóu（自由）

yánjiū（研究）　　　　　jīngyàn（经验）

diànyǐngr（电影儿）　　　yùndòng（运动）

wǒmen（我们）　　　　　gēwǔ（歌舞）

xīwàng（希望）　　　　　cuòwu（错误）

duìyú（对于）　　　　　fànwéi（范围）

bèi-yāpò（被压迫）　　　xīn-mínzhǔzhǔyì（新民主主义）

2. 用拼音字母写出下列一些词：

会议　翻译　友谊　夜晚　重要　邮票　纸烟　颜色

燕子　因为　印象　中央　海洋　营养　英雄　物资

卧室　袜子　行为　伟大　保卫　弯曲　完成　稳定

问题　温暖　强硬　影子　显微镜　唯物论　主人翁

三 语音的结合和变化

1. 音的结合

要掌握普通话的发音,必须全面掌握北京音的语音系统。语音的系统性主要表现在音与音结合的关系上。

根据前面所讲关于拼音字母的知识,可以把北京音的语音系统概括如下:

(1)北京音里可以单独跟辅音构成音节的元音有 6 个:a、o、e、i、u、ü。加上见于 ie、üe 里面的 e,一共有 7 个元音。另外有两个特殊的元音,一个是 zh、z 后面的 i,一个是卷舌的 er。

	前元音	央元音	后元音
不圆唇	i、-e(ie/üe)、(z/zh)-i	e、er	a
圆唇	ü		u、o

(2)北京音里有 22 个辅音。按照发音部位来分,有 7 类:

	塞音	鼻音	边音	塞擦音	擦音
双唇音	b、p	m			
唇齿音					f

续表

	塞音	鼻音	边音	塞擦音	擦音
舌尖前音				z、c	s
舌尖音	d、t	n	l		
舌尖后音				zh、ch	sh、r
舌面前音				i、q	x
舌面后音	g、k	ng			h

这里面除了 ng 以外都能加在元音前面。能够加在元音后面的只有 n、ng 两个鼻音。

（3）元音与元音结合在一起构成复合元音。复合元音分为二合元音和三合元音两类：

二合的：

ai　ei　ao　ou

ia　ie

ua　uo

üe

三合的：

iao　iou

uai　uei

二合元音里，只有 ai、ei、ao、ou 是前响（下降）的复合元音，其他都是后响（上升）的复合元音。前响的复合元音里，–i、–o、–u 是尾音。后响的复合元音里没有尾音，一般称为"开尾"，但主要元音前有 i–、u–、ü–。三合元音只有四个，其中 iao、iou 是 i– 加 ao、ou 构成的，uai、uei 是 u– 加 ai、ei 构成的。

根据以上所说的事实，可以把单元音和复合元音列表如下：

	开尾（无尾音）	–i 尾	–o 尾	–u 尾
开口	（z/zh）–i、a、o、e（–e）、er	ai、ei	ao	ou
齐齿	i、ia　　ie			iao	iou
合口	u、ua、uo	uai、uei		
撮口	ü　　　üe			

这里第一行都是开头没有 i–、u–、ü– 的,从前人称这类音叫"开口呼";第二行包括 i 和开头有 i– 的,叫"齐齿呼";第三行包括 u 和开头有 u– 的,叫"合口呼";第四行包括 ü 和开头有 ü– 的,叫"撮口呼"。这都是就发音时口腔的形状来说的。

i、ia、ie、iao、iou 前面没有辅音而自成音节的时候,要写作 yi、ya、ye、yao、you。u、ua、uo、uai、uei 前面没有辅音而自成音节的时候,要写作 wu、wa、wo、wai、wei。

（4）元音后面加上鼻音辅音 –n、–ng,可以构成下列一些音:

	–n 尾	–ng 尾
开口	an、en	ang、eng
齐齿	ian、in	iang、ing
合口	uan、uen	uang、ueng、–ong[①]
撮口	üan、ün	iong

这里面,ian、in、iang、ing 前面没有辅音而自成音节的时候,要写作 yan、yin、yang、ying。uan、uen、uang 前面没有辅音而自成音节的时候,要写作 wan、wen、wang。ueng 前面是没有辅音的,要写作 weng。iong 前面没有辅音的时候,写作 yong。

---

①–ong、iong 依照传统的四呼列为合口、撮口。从北京音的语音系统来看,也以列为合撮为宜。参看第五章第 1 节"四呼拼音表"。

（5）北京音里元音和元音的结合、元音和辅音的结合，我们已经都谈过了，最后我们再看一下辅音和元音结合的情形。

辅音和元音结合在一起，有以下几点必须注意：

（甲）b、p、m、f 只跟 o 拼，不跟 uo 相拼。如 bō（波）、pō（泼）、mō（摸）、fó（佛）。其他声母只跟 uo 相拼，不跟 o 相拼，如 duō（多）、suō（梭）、guō（郭）、zhuō（捉）。

（乙）b、p、m、f 只能跟单个元音 u 相拼，不跟 ua、uo、uai、uen、ong 之类相拼。

（丙）f、g、k、h、zh、ch、sh、r、z、c、s 等都不跟以 i 为头音的音相拼。f 也不跟 i 相拼。

（丁）b、p、m、f、d、t、zh、ch、sh、r、z、c、s 等都不跟 ü 或以 ü 为头音的音相拼。

（戊）j、q、x 只跟 i、ü 或以 i、ü 为头音的音相拼，不跟其他元音相拼。

上面所说辅音和元音结合的关系可以用下表来表示：

辅音 ＼ 元音	开口	齐齿 i、i-	合口 u、u-	撮口 ü、ü-
b、p、m	○	○	○ ×	×
f	○	×	○ ×	×
d、t	○	○	○	×
n、l	○	○	○	○
g、k、h	○	×	○	×
zh、ch、sh、r	○	×	○	×
z、c、s	○	×	○	×
j、q、x	×	○	×	○

表内凡是画圈的表示可以相拼，有 × 的表示不能相拼。

2. 音节的构造

汉语一个音节是用一个汉字来代表的。传统的分析字音的方法是把一个字音——也就是一个音节——分为声、韵两部分。音节开头的辅音叫"声母"，辅音以后的部分叫"韵母"。例如 kāi（开），k 是声母，ai 就是韵母；guān（关），g 是声母，uan 就是韵母。

汉语里有的音节开头没有声母，只有韵母。如"啊"（a）、"芽"（yá）、"瓦"（wǎ）、"我"（wǒ）、"爱"（ài）、"外"（wài）、"熬"（áo）、"腰"（yāo）、"安"（ān）、"烟"（yān）、"恩"（en）、"因"（yīn）之类都是。但是一般都是有声母的。

一个音节的韵母部分所包括的音素也有多有少。少的只有一个音素，多者可以有三个音素。例如"发"（fā）的韵母只具有 a 一个音素，"关"（guān）的韵母就具有 u、a、n 三个音素。这三个音素，u 是头音，a 是主要元音，n 是尾音。

头音，一般称为"介音"，也称为"韵头"；尾音，一般称为"韵尾"。介音只有 i、u、ü 三个（例如 ian、uan、üan），因为它经常介于声母和主要元音之间，所以称之为"介音"。韵尾又有元音韵尾和辅音韵尾之分。元音韵尾有 –i、o 和 –u（例如 ai、ao、ou），辅音韵尾有 –n 和 –ng（例如 an, ang）。如果由于韵母儿化，多出 er 音的时候，从实际读音上讲，er 也就成为一个元音韵尾了（例如：小鸡儿 xiǎo-jīr → xiǎo-jīer）。

一个音节的韵母，如果仅仅有一个音素，这个音素一定是元音。如果具有两个音素，这两个音素可能是一个介音和一个主要元音，如 ia、ie、ua、uo 等，也可能是一个主要元音和一个韵尾，如 ai、ei、ao、ou、an、en、ang、eng 等等。如果具有三个音素，那就是：一个介音，一个主要元音和一个韵尾,如 iao、iou、uai、uei、ian、uan、iang、uang 之类。韵母的结构就是如此。

我们分析一个音节,首先要看有无声母,其次要看韵母有几个音素。概括来说,汉语一个音节的构成,以有声母者而论,不外下面几种情形:

（1）声母 + 元音（如 hé）

（2）声母 + 介音 + 主要元素（如 jiā）

（3）声母 + 主要元音 + 韵尾（如 hái、hán）

（4）声母 + 介音 + 主要元音 + 韵尾（如 kuài、guāng）

一个汉字的读音,最多有声母、介音、主要元音、韵尾四个成分。其中声母、介音、韵尾不是每个音节必备的成分,但是没有元音就不能成为一个音节。每个音节还一定有它的声调。这就是汉语音节构成的基本原则。

3. 音节的划分和隔音符号

拼音字母是学习普通话的工具,我们不仅利用它标记一个个的音,还要利用它拼写一个个的词。

汉语里的词有单音节词,也有多音节词。多音节词,即两个或两个以上音节的词,在写成汉字时要写成几个汉字,但在应用拼音字母来拼写一个词的时候,就应当跟其他应用拼音文字的语言一样,把属于一个词的音节连写在一起。

例如"民族"（mínzú）、"文化"（wénhuà）两个音节要写在一起;"星期三"（xīngqīsān）、"运动员"（yùndòngyuán）三个音节要写在一起;"共产主义"（gòngchǎnzhǔyì）、"共产党员"（gòngchǎndǎngyuán）四个音节要写在一起。

　　既然多音节词要连写成为一个字,那么,音节与音节的界限是不是要划分清楚呢? 是要划分清楚的。否则就会念错。因此我们学习运用拼音字母来拼写一个个的词,必须注意怎样划分音节。

　　划分音节的基本原则有以下几项:

　　(1)两个元音之间的一个辅音,如果是 ng,有时需要避免混乱,加上隔音符号('),例如"平安"(píng'ān)、"江岸"(jiāng'àn)、"妨碍"(fáng'ài)。如果是 n,以向后读为准则,如"发怒"(fānù)、"水牛"(shuěiniú)。遇到属于前一个音节的时候,就要在 n 和后面的元音之间加上一个隔音符号('),例如"亲爱"(qīn'ài)、"深奥"(shēn'ào)、"蚕蛾"(cán'é)。

　　(2)如果前一个音节末尾是 n,后一个音节开头是 g,可以不加隔音符号,例如"单干"(dāngàn)、"坚固"(jiāngù)、"删改"(shāngǎi)、"宽广"(kuānguǎng)。

　　(3)遇到前一个音节的元音或元音韵尾容易与后一个音节的 a、o、e 误拼在一起的时候(或即便不会误拼,而在划分音节上表现得不够清楚的时候),就需要用隔音符号(')作标志,把两个音节隔开,例如"皮袄"(pí'ǎo)、"热爱"(rè'ài)、"海岸"(hǎi'àn)、"河岸"(hé'àn)、"骄傲"(jiāo'ào)、"黑暗"(hēi'àn)、"阻碍"(zǔ'ài)、"悲哀"(bēi'āi)、"狭隘"(xiá'ài)、"配偶"(pèi'ǒu)、"罪恶"(zuì'è)。

　　(4)没有辅音,只有 i、u 作主要元音的音节,或开头有 i、u 作介音的音节,要把 i、u 写为 yi、wu,把介音 i、u 改为 y、w,这样就有划分音节的作用。因为两个音节连写在一起时,一看就知道 y、w 以后是第二个音节,例如"主要"(zhǔyào)、"大意"(dàyì)、"太阳"(tàiyáng)、"希望"(xīwàng)、"下午"(xiàwǔ)等等。y、w 就是划分音节的最清楚的标志。在这种情形之下,就不需要应用隔音符号了。

4. 语音的变化

音与音连在一起念,有时会发生变化。北京音里语音的变化可以分为两类,一类是属于音节的读音的,一类是属于声调的。

属于音节读音的变化,有三种情形:

(1)"啊"(a)是一个语气词,在带有 –i、–u、–n、–ng 等韵尾的音节后面,很容易跟这些韵尾又连拼起来。这就是由于声音相连而起的变化。例如:

"多么可爱啊!" duōme kě'ài a → duōme kě'ài ia

"走啊!" zǒu a → zǒu ua

"快看啊!" kuài kàn a → kuài kàn na

"你倒唱啊!" nǐ dào chàng a → nǐ dào chàng nga

(2)一个音受前后音的影响,有时就变得跟前后音性质相近了。这种变化在语音学上称为"同化作用"。例如 a 是个后元音,但在 ian、üan 两个韵母里,a 受前元音 i、ü 的影响,读得跟 ie 里的 e 一样。又如 ü 是一个圆唇元音,üe 里面的 e 因受 ü 的影响,也就读成圆唇元音。这都是一种同化作用。

(3)轻声音节里的元音有时"弱化",读得比较含混。例如:

"回来" huílai → huílei　　　　"晚上" wǎnshang → wǎnsheng

"麻烦" máfan → máfen　　　　"进去" jìnqu → jìnqi

这些都是在日常会话时所产生的一种变读,但在标准发音里要求读得缓慢清晰,所以在拼写的时候,一律不改动,仍照原来的音写。至于"什么、怎么"的"me"是由"甚、怎"的古音 –m 韵尾变来的,不是"mo"

的弱化，我们说"shénme、zěnme"是标准的读音，所以要写"me"。

　　属于声调方面的变化，除轻声外，主要的是声调的"异化"。本来相同，变得不同了，就称为"异化"。声调的异化主要有三种情形：

　　（1）上声是一个先降后升的调子，如果两个上声相连，前面一个上声一般都变为阳平，读为升调。例如：

　　　　"选举" xuǎnjǔ → xuánjǔ　　　　"领导" lǐngdǎo → língdǎo

　　　　"友好" yǒuhǎo → yóuhǎo　　　　"早点" zǎodiǎn → záodiǎn

　　（2）去声是一个高降调，如果两个去声相连，前面一个去声没有后面一个去声降得那样低，一般称为"半去"。例如"世界"（shìjiè）、"社会"（shèhuì）、"注意"（zhùyì）、"扩大"（kuòdà）等前面一个音节都读为"半去"。

　　以上两种变调，在拼写的时候仍照原来读法拼写，因为不变调，别人照样听得懂。但在学习普通话的标准发音时应当留意。

　　（3）有些儿化的叠音形容词，原来读阴平的，前后音节的声调不变。例如"高高儿的"（gāogāorde），前面一个"高"跟后面一个"高"声调一样。但是原来读阳平、上声或去声的，后面一个音节一律变为阴平。这也是声调变化的一种。例如：

　　　　"甜甜儿的" tiántiánr de → tiántiānr de

　　　　"满满儿的" mǎnmǎnr de → mǎnmānr de

　　　　"快快儿的" kuàikuàir de → kuàikuāir de

这种变调在说的时候要求比较严格，但是拼写的时候要用原调来标。至于"大大地、缓缓地"一类词，没有儿化，前后的声调不变，因此拼写的时候也就要照原来的音写。

四 拼写的方法

1. 拼写的原则

用拼音字母来拼写汉语,必须按照语言里的一个个的词来拼写。这样做,不仅帮助了解语义,同时还可以帮助掌握语音。我们按照写下来的词来读,知道哪几个音节要连在一起作为一个整体来念,在语音的停顿上、节奏上才能读得正确。所以我们必须以词为单位来拼写,不能照写汉字那样,不管是一个词不是,所有的音节都分开写。那是不妥当的。

拼写的规则,应按照国家教育委员会和国家语言文字工作委员会1988 年 7 月 1 日公布的《汉语拼音正词法基本规则》,这是用汉语拼音拼写现代汉语的规范。此外有关部门发布的关于人名、地名、书刊名称等汉语拼音拼写法的规定,也要严格执行。

《汉语拼音正词法基本规则》包括"总原则、名词、动词、形容词、代词、数词和量词、虚词、成语、大写、移行、标调"等内容,比较详细,并都有例词,下面只举个别例子。详细内容可参看《语言文字规范手册》(增订本,语文出版社 1993 年 1 月)。

2. 写法举例

为了便于练习拼写起见,这里先举一些写法的实例来作为参考:

名　词

（1）专有名词开头和分写的每一分写部分的第一个字母要大写,如"中华人民共和国"（Zhōnghuá Rénmín Gònghéguó）、"长江"（Chángjiāng）、"鲁迅"（Lǔ Xùn）。

（2）名词带有词尾的要连写,如"桌子"（zhuōzi）、"同志们"（tóngzhìmen）。

（3）名词和后面的方位词,要分写,如"城外"（chéng wài）、"门前"（mén qián）、河里（hé li）、"会场里面"（huìchǎng lǐmian）。但是,已经成词的要连写,如"海外"不等于"海的外面",要连写成"hǎiwài"。

（4）名词后面有表示时间的词,如"前、后、以前、以后"之类,要分写,如"两年前"（liǎng nián qián）、"十天以后"（shí tiān yǐhòu）。

形容词

（1）形容词后面有"的、地"和"得",要分写,如"伟大的领袖"（wéidà de lǐngxiù）、"可爱的家乡"（kě'ài de jiāxiāng）、"热烈地欢呼"（rèliè de huānhū）、"冷得发抖"（lěng de fādǒu）。

（2）叠音的形容词要连写,如"轻轻地"（qīngqīng de）、"慢慢地"（mànmàn de）。词根后面附有叠音成分的也要连写,如"热烘烘的"（rèhōnghōng de）、"绿油油的"（lǜyóuyóu de）

（3）双音形容词的重叠形式,中间加短划,如"干干净净"（gāngān-jìngjìng）、"清清楚楚"（qīngqīng-chǔchǔ）。

动　词

（1）动词后面表示时态的"了、着、过"等成分都跟动词连着写，如"吃了饭"（chīle fàn）、"吃着饭"（chīzhe fàn）、"吃过饭"（chīguo fàn）。句末的"了"，分写，如"火车到了"（huǒchē dào le）。

（2）动词和后面有"来、去、进、出、起来、上来、进来、回来、上去、下去"一类表示趋向的后置成分，都是单音节的，跟动词连写，如"拿来"（nālai）、"送去"（sòngqu）。其余的情况，分写，如"站起来"（zhàn qilai）、"拿起书来"要写成"náqi shū lai"。

（3）复合性质的动词，如"扩大、缩小、打倒、解开、抓住"等等都连写。

（4）单音节动词重叠时，要连写，如"看看"（kànkan）、"说说"（shuōshuo）。中间有"一"的时候要分写，如"看一看"（kàn yi kàn）、"笑一笑"（xiào yi xiào）、"笑了一笑"（xiàole yi xiào）。

（5）动词后面有"得"，要分写，如"说得很对"（shuō de hěn duì）、"写得很清楚"（xiě de hěn qīngchu）。"看得见、看不见"的形式可以写作"kàn de jiàn、kàn bu jiàn"，"说得明白、说不明白"的形式可以写作"shuō de míngbai、shuō bu míngbai"。

（6）表示疑问的动词词组如"来不来、看不看"的形式，可以分写，也可以加短横写，如"lái bu lái、kàn bu kàn"。

代　词

（1）代词后面有"的"要分写，如"我的"（wǒ de）、"我们的"（wǒmen de）、"自己的"（zìjǐ de）。

（2）"这里、那里，这个、那个，这些、那些，这样、那样"可连写。"这、那"本来可以连接很多表示单位的量词，如"这本书、那件事情"，"本、件"都是特定的量词，要跟"这、那"分开写。

数　词

（1）数目，十一到九十九之间的整数，连写，如"十一（shíyī）、二十五（èrshíwǔ）"。多位数则依位分写，如"一千二百五十万"（yīqiān èrbǎi wǔshí wàn）。

（2）序数前面的"第"跟后面的数目之间加短划，如"第二"（dì-èr）、"第五十名"（dì-wǔshí míng）。

（3）数词后面的量词分写，如"一头牛"（yī tóu niú）。

（4）概数中间加短横，如"三五年之间"（sān-wǔ nián zhī jiān）。

习用语和成语

（1）有些习用语可以连写在一起，例如"不错"（bùcuò）、"是的"（shìde）、"对了"（duìle）。

（2）成语一般是四个音节的，可以分为两个双音节来念的可以加短划，如"南腔北调"（nánqiāng-běidiào）、"高谈阔论"（gāotán-kuòlùn）。不能按两段来念的四言成语、熟语等，全部连写，如"糊里糊涂"（húlihútu）、"总而言之"（zǒng'éryánzhī）。

五 语音练习资料

1. 四呼拼音表(见下页)

(用上边的声母跟左边的韵母相拼。画○的表示有字,空白处无字)

2. 四声例字

阴阳上去　非常美丽　宣传鼓励　欢迎指教

工人友爱　加强警惕　积极努力　庄严伟大

分别好坏　生活改善　坚决反对　官僚主义

3. 双音词的声调

（1）╗：高低（gāodī）　中间（zhōngjiān）　参观（cānguān）

交通（jiāotōng）　飞机（fēijī）　工资（gōngzī）

乡村（xiāngcūn）　剥削（bōxuē）

（2）╕：阶级（jiējí）　科学（kēxué）　光荣（guāngróng）

积极（jījí）　欢迎（huānyíng）　家庭（jiātíng）

将来（jiānglái）

声母＼韵母		b	p	m	f	d	t	n	l	g	k	h	j	q	x	zh	ch	sh	r	z	c	s
开口	（z、zh）i															○	○	○	○	○	○	○
	a	○	○	○	○	○	○	○	○	○	○	○				○	○	○		○	○	○
	o	○	○	○	○																	
	e			○		○	○	○	○	○	○	○				○	○	○	○	○	○	○
	ai	○	○	○		○	○	○	○	○	○	○				○	○	○		○	○	○
	ei	○	○	○	○	○		○	○	○	○	○				○		○		○		
	ao	○	○	○		○	○	○	○	○	○	○				○	○	○	○	○	○	○
	ou		○	○	○	○	○	○	○	○	○	○				○	○	○	○	○	○	○
	an	○	○	○	○	○	○	○	○	○	○	○				○	○	○	○	○	○	○
	en	○	○	○	○			○		○	○	○				○	○	○	○	○	○	○
	ang	○	○	○	○	○	○	○	○	○	○	○				○	○	○	○	○	○	○
	eng	○	○	○	○	○	○	○	○	○	○	○				○	○	○	○	○	○	○
齐齿	i	○	○	○		○	○	○	○				○	○	○							
	ia								○				○	○	○							
	ie	○	○	○		○	○	○	○				○	○	○							
	iao	○	○	○		○	○	○	○				○	○	○							
	iou			○		○		○	○				○	○	○							
	ian	○	○	○		○	○	○	○				○	○	○							
	in	○	○	○				○	○				○	○	○							
	iang							○	○				○	○	○							
	ing	○	○	○		○	○	○	○				○	○	○							
合口	u	○	○	○	○	○	○	○	○	○	○	○				○	○	○	○	○	○	○
	ua									○	○	○				○	○	○				
	uo					○	○	○	○	○	○	○				○	○	○	○	○	○	○
	uai									○	○	○				○	○	○				
	uei					○	○			○	○	○				○	○	○	○	○	○	○
	uan					○	○	○	○	○	○	○				○	○	○	○	○	○	○
	uen					○	○		○	○	○	○				○	○	○	○	○	○	○
	uang									○	○	○				○	○	○				
	ong					○	○	○	○	○	○	○				○	○		○	○	○	○
撮口	ü							○	○				○	○	○							
	üe							○	○				○	○	○							
	üan												○	○	○							
	ün												○	○	○							
	iong												○	○	○							

（3）ㄍㄢˇ：工厂（gōngchǎng）　发展（fāzhǎn）　生产（shēngchǎn）

身体（shēntǐ）　出版（chūbǎn）　方法（fāngfǎ）

生长（shēngzhǎng）　思想（sīxiǎng）

（4）ㄍㄢˋ：高兴（gāoxìng）　希望（xīwàng）　干燥（gānzào）

消灭（xiāomiè）　封建（fēngjiàn）　春假（chūnjià）

医院（yīyuàn）　压迫（yāpò）

（5）ㄇㄢˉ：国家（guójiā）　长江（Chángjiāng）　航空（hángkōng）

南京（Nánjīng）　成功（chénggōng）　茶杯（chábēi）

连接（liánjiē）　农村（nóngcūn）

（6）ㄇㄢˊ：农民（nóngmín）　人民（rénmín）　学习（xuéxí）

完全（wánquán）　团结（tuánjié）　平原（píngyuán）

和平（hépíng）　随时（suíshí）

（7）ㄇㄢˇ：牛奶（niúnǎi）　苹果（píngguǒ）　培养（péiyǎng）

游泳（yóuyǒng）　停止（tíngzhǐ）　牙齿（yáchǐ）

集体（jítǐ）　传染（chuánrǎn）

（8）ㄇㄢˋ：劳动（láodòng）　模范（mófàn）　同志（tóngzhì）

文化（wénhuà）　觉悟（juéwù）　学校（xuéxiào）

群众（qúnzhòng）　城市（chéngshì）

（9）ㄋㄢˉ：北京（Běijīng）　首都（shǒudū）　火车（huǒchē）

补充（bǔchōng）　启发（qǐfā）　指挥（zhǐhuī）

体操（tǐcāo）　普通（pǔtōng）

（10）ㄋㄢˇ：祖国（zǔguó）　礼堂（lǐtáng）　整齐（zhěngqí）

委员（wěiyuán）　满足（mǎnzú）　紧急（jǐnjí）

狡猾（jiǎohuá）　假如（jiǎrú）

（11）ㄋㄢˇㄋㄢˇ（→ㄋㄢˊㄋㄢˇ）:选举（xuǎnjǔ）　了解（liǎojiě）　永远（yǒngyuǎn）

减少（jiǎnshǎo）　打倒（dǎdǎo）　粉笔（fěnbǐ）

讲演（jiǎngyǎn）　领导（lǐngdǎo）

（12）ꓥꓦ：伟大（wěidà）　领袖（lǐngxiù）　努力（nǔlì）

保卫（bǎowèi）　准确（zhǔnquè）　访问（fǎngwèn）

马路（mǎlù）　感谢（gǎnxiè）

（13）ꓦꓶ：健康（jiànkāng）　必须（bìxū）　印刷（yìnshuā）

细菌（xìjūn）　大家（dàjiā）　斗争（dòuzhēng）

用心（yòngxīn）　放心（fàngxīn）

（14）ꓦꓲ：证明（zhèngmíng）　暂时（zànshí）　问题（wèntí）

复杂（fùzá）　拒绝（jùjué）　特别（tèbié）

富强（fùqiáng）　调查（diàochá）

（15）ꓦꓴ：政府（zhèngfǔ）　校长（xiàozhǎng）　代表（dàibiǎo）

会场（huìchǎng）　跳舞（tiàowǔ）　妇女（fùnǚ）

报纸（bàozhǐ）　自己（zìjǐ）

（16）ꓦꓦ：政令（zhènglìng）　社会（shèhuì）　创造（chuàngzào）

胜利（shènglì）　进步（jìnbù）　互助（hùzhù）

快乐（kuàilè）　宿舍（sùshè）

4. 轻声举例

（1）东西（dōngxi）　事情（shìqing）　朋友（péngyou）

先生（xiānsheng）　父亲（fùqin）　衣裳（yīshang）

力量（lìliang）　道理（dàoli）　机会（jīhui）　知识（zhīshi）

制度（zhìdu）　好处（hǎochu）　坏处（huàichu）

晚上（wǎnshang）　笑话儿（xiàohuar）　干净（gānjing）

容易（róngyi）　老实（lǎoshi）　快活（kuàihuo）

喜欢（xǐhuan）　明白（míngbai）　知道（zhīdao）

商量（shāngliang）　看见（kànjian）　吓唬（xiàhu）

要是（yàoshi）　省得（shěngde）　已经（yǐjing）

（2）桌子（zhuōzi）　椅子（yǐzi）　帽子（màozi）

鼻子（bízi）　刷子（shuāzi）　木头（mùtou）

石头（shítou）　拳头（quántou）　手指头（shǒuzhǐtou）

前头（qiántou）　后头（hòutou）　里头（lǐtou）

外头（wàitou）　吃头儿（chītour）　想头儿（xiǎngtour）

看头儿（kàntour）

（但"号头儿、年头儿、劲头儿"不读轻音）

什么（shénme）　怎么（zěnme）　多么（duōme）

这么（zhème）　那么（nàme）　懂得（dǒngde）　认得（rènde）

尾巴（wěiba）　干巴（gānba）　眨巴（眼儿）（zhǎba）

（3）爸爸（bàba）　妈妈（māma）　哥哥（gēge）　弟弟（dìdi）

姐姐（jiějie）　妹妹（mèimei）　星星（xīngxing）

（但"年年、人人"不读轻音）

说说（shuōshuo）　看看（kànkan）　瞧瞧（qiáoqiao）

想想（xiǎngxiang）　试试（shìshi）

商量商量（shāngliang shāngliang）　讨论讨论（tǎolun tǎolun）

（4）家里（jiāli）　桌子上（zhuōzi shang）　地下（dìxia）

出去（chūqu）　回来（huílai）　上来（shànglai）

下去（xiàqu）　进来（jìnlai）　坐下（zuòxia）

拿出来（ná chulai）　放进去（fàng jinqu）

跑出去（pǎo chuqu）　走进来（zǒu jinlai）

翻过来（fān guolai）　站起来（zhàn qilai）

掉下来（diào xialai）　捞上来（lāo shanglai）

离开（líkai）　打开（dǎkai）　躲开（duǒkai）

解开（jiěkai）　开开（kāikai）

停住（tíngzhu）　站住（zhànzhu）　挡住（dǎngzhu）　留住（liúzhu）

写上（xiěshang）　盖上（gàishang）　关上（guānshang）

安上（ānshang）　锁上（suǒshang）

气死（qìsi）　吓死（xiàsi）　笑死（xiàosi）

（5）我们（wǒmen）　你们（nǐmen）　他（她）们（tāmen）

咱们（zánmen）

我的（wǒde）　我们的（wǒmen de）　谁的（shuí de）

好的（hǎo de）　坏的（huài de）　伟大的（wěidà de）

可爱的（kě'ài de）　辛辛苦苦地（xīnxīn-kǔkǔ de）

轻轻地放下（qīngqīng de fàngxia）

他写的小说（tā xiě de xiǎoshuō）

拿着（názhe）　坐着（zuòzhe）　见过（jiànguo）

去过（qùguo）　吃了饭（chīle fàn）

说得很好（shuō de hěn hǎo）　好得很（hǎo de hěn）

看得见（kàn de jiàn）　看不见（kàn bu jiàn）

（6）要不要（yào bu yào）　行不行（xíng bu xíng）

可以不可以（kěyǐ bu kěyǐ）　放在桌儿上（fàng zai zhuōr shang）

搬到城外（bān dao chéng wài）　走吧（zǒu ba）　对吗（duì ma）

怎么办呢（zěnme bàn ne）　多着呢（duōzhe ne）

说什么来着（shuō shénme laizhe）　说说罢了（shuōshuo bale）

5. 重音和语调

（重音所在用 ' 来表示。如果两个词要连起来念，用⌣来表示）

（1）

① Tiānqì yǐjing 'liángkuai le↘, shùyèzi yě jiù 'huáng qilai le↘。

天气已经凉快了，树叶子也就黄起来了。

② Chángjiāng yǐ 'nán shì rénkǒu 'chóumì de dìfang↘。

长江以南是人口稠密的地方。

③ Zuótiān de wǎnhuì, dàjiā 'dōu chūxí le↘。

昨天的晚会，大家都出席了。

（2）

④ Tā shì 'shuí↗?

他是谁？

⑤ Nǐ shuō 'shénme↗? 你说什么？

⑥ Zhè shì 'shuí de shū a↗?　Zěnme 'zhème duō a↘!

这是谁的书啊？怎么这么多啊！

⑦ Zhèxiē 'yìjian shì 'duì de ma↗?

这些意见是对的吗？

⑧ Nǐ 'shénme shíhour qù↗?

你什么时候儿去？

⑨ Zhème 'bàn 'hǎo bu hǎo↗?

这么办好不好？

⑩ 'Kàn yi kàn hǎo ne↗, háishì 'bù 'kàn hǎo ne↗?

看一看好呢，还是不看好呢？

⑪ Gōngkè bù hǎo↘, wèi 'shénme bù 'nǔlì xuéxí ne↗?

功课不好，为什么不努力学习呢？

（3）

⑫ Rén dōu lái 'qí la↘, 'kuài kāi 'huì ba↘.

人都来齐啦，快开会吧。

⑬ Shíjiān bù 'zǎo la↘, zánmen 'kuài 'zǒu ba↘.

时间不早啦，咱们快走吧。

⑭ 'Shuō ya↘! Nǐ zěnme bù 'shuō ya↘!

说呀！你怎么不说呀！

⑮ 'Suànle ba↘! 'Bú yòng 'zài shuō la↘!

算了吧！不用再说啦！

⑯ qǐng nǐ kuài 'lái↘!

请你快来！

（4）

⑰ Ā↘! wǒ 'míngbai la↘, jiùshì 'zhème yī huí 'shì a↘!

啊！我明白啦，就是这么一回事啊！

⑱ Ài↘! 'Cuò le↘, 'quán cuò le↘! 'Bú shì zhèyàng↘!

嗳！错了，全错了！不是这样！

⑲ Yē↗! 'Zěnme méi 'shēngyin le↗?

耶！怎么没声音了？

⑳ Tiān'ānmén 'duōme hǎokàn a↘!

天安门多么好看啊！

六　普通话日常应用词语读音表

说　明

　　汉语方言很复杂,语音方面的分歧最大。要学习普通话,仅仅学会了发音还是不够的,必须能把语言中日常应用的一个个的词都说得准确才行。在教学当中,我们发现这样的事实:举出单个的音来,学生能够读得对,但是举出一个词来,往往读不对。因此,要学好普通话,除了必须掌握标准发音以外,还要在词的读法上下功夫。语音学习的好坏,就要看是否能够把一个个的词读得准确。

　　这一份材料就是为了便于学习普通话来编写的。表里列举出来的词语都是社会生活中日常应用的一般词语。稍涉专门的词都没有收。日常应用的词本来是很多的,词表也可以编得更详备一些,但是这是为了学习语音来应用的,不是为了扩充词汇来应用的,太庞杂了,学起来就等于背字典了,所以宁要少一些,把语言词汇中的最基本的东西选出来就行了。现在写出来的是语言词汇中的一个基础,如果掌握了这些词语的读音,其他词语在语言实践中也很容易学好。

　　这个词语读音表对于不会说汉语而想学习汉语的人也有一些用处。要学习汉语就必须掌握一定数量的词汇,但是究竟应当学习哪些词,倒是一个问题。这个词表包括的都是语言中最基本的东西,可以说这就是学习汉语词汇的一个必学的基本材料了。

词表本来也可以按音排,不过那样做在教学上的意义不很大。这里采取的编排方法主要是按照意义来分类编排的。这样做,学的人可以由这个想到那个,可以把一组意义相关的词很快地一起学会,学的时候也不会感觉枯燥乏味。词表按音排就很容易,按意义排就比较困难。一方面因为现在还没有很好的分类法可以做依据;一方面因为有些词在归类上不易处理。这里是根据研究汉语方言词汇的分类法而又加以改订的。有些词的编排可能不甚恰当,有待逐步改进。在目前,先有这样的一个粗疏的分类,对于学的人可能有一些便利,也比较有系统一些。这个词表在教学上是应用过的,如果每天学四五十个词,两个月就可以学完了,负担并不繁重。

关于词语的注音,有时会牵涉到是一个词,还是一个词组的问题。关于汉语的构词还缺乏全面的研究,目前注音,只好根据一般对于词的理解来处理。有些词有两读,这里采取的是通常的一种读法。一个词后面的音节可以轻读也可以不轻读的,一律按不轻读的读法标音。词表的编排顺序如下。

第一部分:

(1)代词 [175]　(2)时间词 [175]　(3)方位词和处所词 [177]

(4)数量词 [178]　(5)副词 [180]　(6)助动词 [181]

(7)表示判断和存在的词 [181]　(8)介词 [181]

(9)连词和关联词语 [181]　(10)语气词和叹词 [182]

第二部分:

(1)自然现象 [183]　(2)地理 [184]　(3)动物 [185]　(4)植物 [186]

(5)矿物 [187]　(6)生产工具和生产资料 [187]　(7)房屋建筑 [188]

(8)衣物 [189]　(9)用具 [190]　(10)饮食 [192]

第一部分

（1）Dàicí　代词

wǒ　我

nǐ　你

tā　他

wǒmen　我们

zánmen　咱们

nǐmen　你们

tāmen　他们

nín　您

zìjǐ　自己

rénjia　人家

dàjiā　大家

biérén　别人

pángrén　旁人

shuí　谁

shénme　什么

zhè　这

nà　那

nǎ　哪

zhège　这个

nàge　那个

nǎge　哪个

zhèxiē　这些

nàxiē　那些

nǎxiē　哪些

zhèlǐ　这里

nàlǐ　那里

nǎlǐ　哪里

zhèyàngr　这样儿

nàyàngr　那样儿

nǎyàngr　哪样儿

zěnme　怎么

měi　每

（2）Shíjiāncí　时间词

shíhou　时候

gōngfu　工夫

shíjiān　时间

zhōngdiǎn　钟点

rìzi　日子

jīntiān　今天

zuótiān　昨天

míngtiān　明天

qiántiān　前天

dàqiántiān　大前天

qián yī tiān　前一天

qiánxī　前夕

yǒu yī tiān　有一天

shàngwǔ　上午

xiàwǔ　下午

tiānliàng　天亮

zǎochén　早晨

zhōngwǔ　中午

báitiān　白天

wǎnshang　晚上

yèli　夜里

bànyè　半夜

bànyèli　半夜里

zhěngtiān　整天

zhěngyè　整夜

jǐ ge zhōngtóu　几个钟头

jǐ diǎnzhōng　几点钟

jǐ kè zhōng　几刻钟

jǐ fēn zhōng　几分钟

jǐ tiān　几天

jǐ ge yuè　几个月

zhèyuè　这月

běnyuè　本月

shàngyuè　上月

xiàyuè　下月

chūntiān　春天

xiàtiān　夏天

qiūtiān　秋天

dōngtiān　冬天

sìjì　四季

yuándàn　元旦

chúxī　除夕

yīyuè　一月

èryuè　二月

sānyuè　三月

sìyuè　四月

wǔyuè　五月

liùyuè　六月

qīyuè　七月

bāyuè　八月

jiǔyuè　九月

shíyuè　十月

shíyīyuè　十一月

shí'éryuè　十二月

jīnnián　今年

míngnián　明年

qùnián　去年

qiánnián　前年

jǐnián　几年

yī shìjì　一世纪

yǒushí　有时

yǒushíhour　有时候儿

xīngqīyī　星期一

xīngqī'èr　星期二

xīngqīsān　星期三

xīngqīsì　星期四

xīngqīwǔ　星期五

xīngqīliù　星期六

xīngqīrì　星期日

yī gè xīngqī　一个星期

guóqìngjié　国庆节

fùnǚjié　妇女节

értóngjié　儿童节

xiànglái　向来

cóngqián　从前

yīhuìr　一会儿

jiānglái　将来

yǐqián　以前

yǐhòu　以后

hòulái　后来

zǎo　早

wǎn　晚

xiān　先

hòu　后

bàntiān　半天

hǎojiǔ　好久

línshí　临时

（3）Fāngwèicí Hé Chùsuǒcí
　　方位词和处所词

shàng　上

xià　下

qián　前

hòu　后

lǐ　里

wài　外

nèi　内

shàngtou　上头

xiàtou　下头

dǐxia　底下

qiántou　前头

qiánmian　前面

qiánbiān　前边

hòutou　后头

hòumian　后面

hòubiān　后边

pángbiān　旁边

zhōngjiān　中间

lǐtou　里头

wàitou　外头

zuǒ　左

yòu　右

dōng　东

xī　西

nán　南

běi　北

dōngběi　东北

dōngnán　东南

xīběi　西北

xīnán　西南

yuǎnchù　远处

jìnchù　近处

dàochù　到处

fùjìn　附近

zhōuwéi　周围

yīdài　一带

（4）Shùliàngcí　数量词

yī　一

èr　二

liǎng　两

sān　三

sì　四

wǔ　五

liù　六

qī　七

bā　八

jiǔ　九

shí　十

èrshí　二十

sānshí　三十

sìshí　四十

yībǎi　一百

yīqiān　一千

yīwàn　一万

liǎngwàn　两万

yībǎi wàn　一百万

yīqiān·wàn　一千万

yīwàn wàn　一万万

yīyì　一亿

dì-yī（dì-1）　第一

tóuyīge　头一个

dì-èr（dì-2）　第二

dì-sān（dì-3）　第三

shí fēnzhī yī　十分之一

bǎi fēnzhī yī　百分之一

qiān fēnzhī yī　千分之一

yī gè píngguǒ　一个苹果

yī zhī qiānbǐ　一支铅笔

yī tiáo máojīn　一条毛巾

yī qún yáng　一群羊

yī tóu niú　一头牛

yī pǐ mǎ　一匹马

yī jiàn yīfu　一件衣服

yī zhāng zhuōzi　一张桌子

yī bǎ yǐzi　一把椅子

yī kuài ròu　一块肉

yī gēn shéngzi　一根绳子

yī dǐng màozi　一顶帽子

yī běn shū　一本书

yī dá wàzi　一打袜子

yī shuāng xié　一双鞋

yī tào zhìfú　一套制服

yī pǐ bù　一匹布

yī duǒ huār　一朵花儿

yī píng jiǔ　一瓶酒

yī hé yān　一盒烟

yī fú huàr　一幅画儿

yī lì mǐ　一粒米

yī kē shù　一棵树

yī zhǎn dēng　一盏灯

yī fēng xìn　一封信

yī piān wénzhāng　一篇文章

yī zuò shān　一座山

yī liàng chē　一辆车

yī liè huǒchē　一列火车

yī bàng máoxiàn　一磅毛线

yī dūn méi　一吨煤

yī cùn　一寸

yī chǐ　一尺

yī zhàng　一丈

yī lǐ　一里

yī jīn　一斤

yī liǎng　一两

yī mǔ　一亩

yī fēn　一分

yī dàn　一石

yī dǒu　一斗

yī shēng　一升

yī xià　一下

yī cì　一次

yī huí　一回

yī tàng　一趟

yī biàn　一遍

yī dùn　一顿

yī zhèn　一阵

yī gè　一个

jǐ gè　几个

yīdiǎnr　一点儿

yīxiē　一些

yī zhǒng　一种

yī lèi　一类

（5）Fùcí　副词

hěn　很		gāngcái　刚才
gèng　更		hūrán　忽然
zuì　最		jiànjiàn　渐渐
fēicháng　非常		mǎshàng　马上
duōme　多么		lìkè　立刻
tài　太		cháng　常
shāowēi　稍微		chángcháng　常常
yǒu yīdiǎnr　有一点儿		shícháng　时常
dōu　都		yǒngyuǎn　永远
zǒng　总		yǒngjiǔ　永久
zhǐ　只		yīzhí　一直
dàyuē　大约		yīxiàng　一向
dǎgài　大概		yuè……yuè　越……越
yěxǔ　也许		xìngkuī　幸亏
wánquán　完全		yīdìng　一定
jǐnliàng　尽量		dàodǐ　到底
kěnéng　可能		díquè　的确
yě　也		qiàqiǎo　恰巧
jiù　就		jiūjìng　究竟
yòu　又		zhōngyú　终于
zài　再		běnlái　本来
hái　还		bù　不
cái　才		méi　没
yǐjīng　已经		

（6）Zhùdòngcí　助动词

yào　要

néng　能

huì　会

kěn　肯

gǎn　敢

kěyǐ　可以

yīnggāi　应该

zhíde　值得

yuànyi　愿意

dǎsuàn　打算

（7）Biǎoshì Pànduàn Hé Cúnzài
De Cí
表示判断和存在的词

shì　是

shìde　是的

yǒu　有

méiyǒu　没有

zài　在

cúnzài　存在

quēfá　缺乏

（8）Jiècí　介词

zài　在

dào　到

bǎ　把

lián　连

bǐ　比

bèi　被

jiào　叫

cóng　从

wèi　为

wèizhe　为着

wèile　为了

yóuyú　由于

ànzhào　按照

duìyú　对于

ràng　让

gēn　跟

guānyú　关于

zhìyú　至于

（9）Liáncí Hé Guānlián Cíyǔ
连词和关联词语

hé　和

gēn　跟

tóng　同

yǔ　与

jí　及

yǐjí　以及

bìng　并

ér　而

yòu……yòu　又……又

yě……yě　也……也

jì……yòu　既……又

yīmiàn……yīmiàn

　一面……一面

huò　或

huòshì　或是

huòzhě　或者

háishì　还是

bìngqiě　并且

érqiě　而且

bùdàn……érqiě　不但……而且

bùjǐn……érqiě　不仅……而且

kěshì　可是

dànshì　但是

rán'ér　然而

bùguò　不过

hékuàng　何况

zé　则

yúshì　于是

cóng'ér　从而

rúguǒ　如果

jiǎrú 假如

yàoshì　要是

jiǎshǐ　假使

tǎngruò　倘若

jìrán　既然

jìshì　既是

yīnwèi　因为

suǒyǐ　所以

yīncǐ　因此

suīrán　虽然

jíshǐ　即使

jíbiàn　即便

nǎpà　哪怕

gùrán……kěshì　固然……可是

jiùshì……yě　就是……也

yǔqí……bùrú　与其……不如

lián……dōu　连……都

lián……yě　连……也

fēi……bùkě　非……不可

chúfēi　除非

（10）Yǔqìcí Hé Tàncí
　　语气词和叹词

le　了

la　啦

ma 吗

ne 呢

ba 吧

ā 啊

yā 呀

āi 唉

wèi 喂

hāi 咳

āo 噢

ōu 噢

yō 呦

yē 耶

āiyā 哎呀

第二部分

（1）Zìrán Xiànxiàng 自然现象

tiān 天

tiānkōng 天空

tàiyáng 太阳

yuèliang 月亮

huǒxīng 火星

xīngxing 星星

xīngqiú 星球

tiānhé 天河

kōngqì 空气

shuǐ 水

huǒ 火

yún 云

yúncai 云彩

léi 雷

yǔ 雨

xuě 雪

bīngbáo 冰雹

lùshui 露水

shuǐzhēngqì 水蒸气

shuāng 霜

wù 雾

fēng 风

tiānqì 天气

qìhòu 气候

qíngtiān 晴天

yīntiān 阴天

guāfēng 刮风

xiàyǔ 下雨

dǎléi 打雷

dǎshǎn 打闪

xiàxuě 下雪

bàofēngyǔ 暴风雨

táifēng 台风

hóng, jiàng　虹

rìshí　日食

yuèshí　月食

（2）Dìlǐ　地理

dìqiú　地球

dì　地

shān　山

shāndǐng　山顶

shānpōr　山坡儿

shānmài　山脉

píngdì　平地

huāngdì　荒地

tián　田

gāoyuán　高原

qiūlíng　丘陵

píngyuán　平原

shāngǔ　山谷

shāmò　沙漠

shùlín　树林

chízi　池子

gōu　沟

kēng　坑

hé　河

héliú　河流

pùbù　瀑布

hǎi　海

hǎiyáng　海洋

hǎixiá　海峡

dǎo　岛

bàndǎo　半岛

qúndǎo　群岛

hú　湖

àn　岸

dī　堤

hédī　河堤

héchuáng　河床

ní　泥

tǔ　土

tǔrǎng　土壤

shāzi　沙子

shātǔ　沙土

huángtǔ　黄土

niántǔ　粘土

shítou　石头

huīchén　灰尘

dìzhì　地质

dìcéng　地层

wēndài　温带

rèdài　热带

hándài　寒带

Nánjí　南极

Běijí　北极

Yàzhōu　亚洲

Ōuzhōu　欧洲

Měizhōu　美洲

Fēizhōu　非洲

Àozhōu　澳洲

（3）Dòngwù　动物

jī　鸡

gōngjī　公鸡

mǔjī　母鸡

yāzi　鸭子

shēngkou　牲口

luòtuo　骆驼

mǎ　马

niú　牛

yáng　羊

zhū　猪

lǘ　驴

gǒu　狗

māo　猫

tùzi　兔子

hóur　猴儿

lǎoshǔ　老鼠

yěshóu　野兽

lù　鹿

lǎohǔ　老虎

bào　豹

shīzi　狮子

xióng　熊

láng　狼

húli　狐狸

xiàng　象

xióngmāo　熊猫

yú　鱼

lǐyú　鲤鱼

jìyú　鲫鱼

xiā　虾

shé　蛇

niǎor　鸟儿

yànzi　燕子

máquè　麻雀

yīngwǔ　鹦鹉

gēzi　鸽子

chóngzi　虫子

cán　蚕

cánjiǎn　蚕茧

wénzi　蚊子

tiàozao　跳蚤

cāngying　苍蝇

（4）Zhíwù　植物

huār　花儿

méihuā　梅花

mǔdānhuā　牡丹花

sháoyàohuā　芍药花

táohuā　桃花

xìnghuā　杏花

héhuā　荷花

júhuā　菊花

cǎo　草

qīngcǎo　青草

zhúzi　竹子

sēnlín　森林

shù　树

shùmù　树木

sōngshù　松树

bǎishù　柏树

yángshù　杨树

liǔshù　柳树

shùzhīr　树枝儿

yèzi　叶子

zhǒngzi　种子

yòumiáo　幼苗

guǒhúr　果核儿

shuǐguǒ　水果

xiāngjiāo　香蕉

júzi　橘子

chéngzi　橙子

píngguǒ　苹果

pútao　葡萄

píba　枇杷

lìzhī　荔枝

bōluó　菠萝

gǎnlǎn　橄榄

shìzi　柿子

zǎor　枣儿

táor　桃儿

xìngr　杏儿

yángméi　杨梅

lí　梨

ǒu　藕

xīguā　西瓜

hāmìguā　哈密瓜

miánhua　棉花

dàozi　稻子

gāoliang　高粱

màizi　麦子

dàmài　大麦

xiǎomài　小麦

yùmi　玉米

huángdòu　黄豆

biǎndòu　扁豆

cài　菜

qīngcài　青菜

luóbo　萝卜

qiézi　茄子

dōngguā　冬瓜

huángguā　黄瓜

xīhóngshì　西红柿

báicài　白菜

yóucài　油菜

bōcài　菠菜

làjiāo　辣椒

cōng　葱

suàn　蒜

mǎlíngshǔ　马铃薯

tóng　铜

tiě　铁

xī　锡

niè　镍

xīn　锌

lǚ　铝

wū　钨

tì　锑

qiān　铅

měng　锰

yóu　铀

léi　镭

shíyóu　石油

méi　煤

liúhuáng　硫磺

shíyīng　石英

shuǐjīng　水晶

yúnmǔ　云母

gǒng　汞

（5）Kuàngwù　矿物

kuàngwù　矿物

jīnshǔ　金属

jīn　金

yín　银

（6）Shēngchǎn Gōngjù Hé
　　　Shēngchǎn Zīliào
　　生产工具和生产资料

liándāo　镰刀

fǔtou　斧头

fǔzi　斧子

chuízi　锤子

jīqì　机器

xuànchuáng　旋床

jīchuáng　机床

chǐlún　齿轮

tuōlājī　拖拉机

bōzhǒngjī　播种机

lí　犁

shuānghuálí　双铧犁

pá　耙

chútou　锄头

shuǐchē　水车

jù　锯

gǎo　镐

tiěqiāo　铁锹

zhádāo　铡刀

niǎnzi　碾子

mò　磨

biǎndan　扁担

yuánliào　原料

cáiliào　材料

mùtou　木头

zhuān　砖

wǎ　瓦

shíhuī　石灰

yánghuī　洋灰

miánshā　棉纱

sī　丝

yángmáo　羊毛

xiàngjiāo　橡胶

ránliào　燃料

guōlú　锅炉

fādiànjī　发电机

diàndòngjī　电动机

biànyāqì　变压器

（7）Fángwū Jiànzhù　房屋建筑

fángwū　房屋

fángzi　房子

wūzi　屋子

lóu　楼

lóufáng　楼房

mén　门

chuānghu　窗户

shūfáng　书房

kètīng　客厅

wòshì　卧室

yùshì　浴室

huìkèshì　会客室

chuándáshì　传达室

chúfáng　厨房

cèsuǒ　厕所

jǐng　井

qiáng　墙

qiángbì　墙壁

tiānhuābǎn　天花板

dìbǎn　地板

yāntong　烟筒

lóutī　楼梯

wūdǐng　屋顶

dìxiàshì　地下室

hútòngr　胡同儿

jiē　街

mǎlù　马路

qiáo　桥

tǎ　塔

jiànzhù　建筑

gōngchéng　工程

fànguǎnr　饭馆儿

lǚguǎn　旅馆

zhāodàisuǒ　招待所

shítáng　食堂

fàntīng　饭厅

lǐtáng　礼堂

bàngōngshì　办公室

（8）Yīwù　衣物

yīfu　衣服

zhìfú　制服

hónglǐngjīn　红领巾

kùzi　裤子

mián'ǎo　棉袄

miánkù　棉裤

bèixīnr　背心儿

duǎnkù　短裤

hànshān　汗衫

wàitào　外套

dàyī　大衣

máoyī　毛衣

máokù　毛裤

chènshān　衬衫

lǐngzi　领子

lǐngdài　领带

xiùzi　袖子

kòuzi　扣子

wénzhàng　蚊帐

màozi　帽子

xié　鞋

xuēzi　靴子

yāodài　腰带

pídài　皮带

qúnzi　裙子

bèi　被

rùzi　褥子

zhěntou　枕头

pūgai　铺盖

xíngli　行李

wàzi　袜子

wéijīn　围巾

shǒujin　手巾

máojīn　毛巾

shǒujuànr　手绢儿

shǒutàor　手套儿

（9）Yòngjù　用具

yòngjù　用具

yòngpǐn　用品

jiājù　家具

qìjù　器具

shāfā　沙发

xiězìtái　写字台

zhuōzi　桌子

yǐzi　椅子

dèngzi　凳子

chuáng　床

jiàzi　架子

shūchú　书橱

xiāngzi　箱子

guìzi　柜子

kuāng　筐

xízi　席子

shuǐhú　水壶

nuǎnshuǐhú　暖水壶

chábēi　茶杯

píngzi　瓶子

dāozi　刀子

jiǎnzi　剪子

kuàizi　筷子

zhǐ　纸

bǐ　笔

mòshuǐ　墨水

qiānbǐ　铅笔

gāngbǐ　钢笔

fěnbǐ　粉笔

bōlibǎn　玻璃板

hēibǎn　黑板

běngzi　本子

dìtú　地图

rìlì　日历

xìnfēngr　信封儿

zhōng　钟

biǎo　表

shuāzi　刷子

yáshuā　牙刷

féizào　肥皂

tiáozhou　笤帚

chǐzi　尺子

chèng　秤

tiānpíng　天平

suànpan　算盘

yǔsǎn　雨伞

shànzi　扇子

dīngzi　钉子

suǒ　锁

yàoshi　钥匙

zhēn　针

xiàn　线

shéngzi　绳子

bù　布

chóuzi　绸子

jiāoshuǐ　胶水

jiànghu　浆糊

yuèqì　乐器

gāngqín　钢琴

tíqín　提琴

gǔ　鼓

lǎba　喇叭

wánjù　玩具

qiú　球

píqiú　皮球

guō　锅

wǎn　碗

pén　盆

shuǐtǒng　水桶

pánzi　盘子

diézi　碟子

huǒchái　火柴

diàndēng　电灯

diàndēngpàor　电灯炮儿

diànbiǎo　电表

diànxiàn　电线

diànshàn　电扇

diànhuà　电话

wúxiàndiàn　无线电

lùyīnjī　录音机

dǎzìjī　打字机

kuòyīnqì　扩音器

liúshēngjī　留声机

huàndēngjī　幻灯机

féngrènjī　缝纫机

fàngdàjìng　放大镜

xiǎnwēijìng　显微镜

wàngyuǎnjìng　望远镜

pēnwùqì　喷雾器

píbāo　皮包

lǚxíngdài　旅行袋

kǒudài　口袋

mádài　麻袋

　　（10）Yǐnshí　饮食

fàn　饭

mǐfàn　米饭

zhōu　粥

mántou　馒头

miàntiáor　面条儿

miànbāo　面包

huángyóu　黄油

jīdàn　鸡蛋

guǒjiàng　果酱

bāozi　包子

jiǎozi　饺子

dòufu　豆腐

fěntiáor　粉条儿

zǎofàn　早饭

wǔfàn　午饭

wǎnfàn　晚饭

diǎnxin　点心

cài　菜

tāng　汤

ròu　肉

miànfěn　面粉

mǐ　米

jiàngyóu　酱油

yán　盐

yóu　油

táng　糖

báitáng　白糖

hóngtáng　红糖

bīngtáng　冰糖

cù　醋

jiǔ　酒

cháyè　茶叶

chá　茶

kāishuǐ　开水

liángkāishuǐ　凉开水

liángshuǐ　凉水

lěngshuǐ　冷水

niúnǎi　牛奶

nǎiyóu　奶油

kāfēi　咖啡

qìshuǐ　汽水

dàngāo　蛋糕

bǐnggān　饼干

zhǐyān　纸烟

huǒshi　伙食

第三部分

（1）Réntǐ　人体

shēntǐ　身体

tóu　头

liǎn　脸

ěrduo　耳朵

yǎn　眼

yǎnjing　眼睛

yǎnqiú　眼球

méimao　眉毛

yǎnmáo　眼毛

bízi　鼻子

zuǐ　嘴

shétou　舌头

chún　唇

zuǐchún　嘴唇

yá　牙

yáchǐ　牙齿

bèi　背

yāo　腰

zhǐjia　指甲

shǒu　手

zhǐtou　指头

shǒuzhǐtou　手指头

jiǎo　脚

jiǎozhǐ　脚趾

quántou　拳头

xiōng　胸

dùzi　肚子

tuǐ　腿

gēbei　胳臂

xuè（xiě）　血

ròu　肉

gāngmén　肛门

gǔtou　骨头

pífū　皮肤

tóufa　头发

（2）Shēnglǐ　生理

hūxī　呼吸

xiāohuà　消化

xúnhuán　循环

fēnmì　分泌

páixiè　排泄

shēngzhí　生殖

qìguān　器官

gǔgé　骨骼

jīròu　肌肉

xuèyè　血液

shénjīng　神经

xìbāo　细胞

lèigǔ　肋骨

jǐzhuīgǔ　脊椎骨

kǒuqiāng　口腔

tuòyè　唾液

yāntóu　咽头

shídào　食道

bíqiāng　鼻腔

yānhóu　咽喉

hénggémó　横隔膜

gān　肝

wèi　胃

dǎn　胆

dǎnnáng　胆囊

pí　脾

cháng　肠

chángzi　肠子

dàcháng　大肠

xiǎocháng　小肠

zhícháng　直肠

mángcháng　盲肠

xīn　心

xīnzàng　心脏

xuèqiú　血球

báixuèqiú　白血球

hóngxuèqiú　红血球

xuèguǎn　血管

dòngmài　动脉

jìngmài　静脉

xuèyā　血压

màibó　脉搏

fèi　肺

qìguǎn　气管

shèn　肾

shènzàng　肾脏

pángguāng　膀胱

dànǎo　大脑

xiǎonǎo　小脑

bítì　鼻涕

yǎnlèi　眼泪

tán　痰

hàn　汗

dàbiàn　大便

xiǎobiàn　小便

niào　尿

shǐ　屎

（3）Jíbìng　疾病

bìng　病

téng　疼

yǎng　痒

jíbìng　疾病

shāngfēng　伤风

gǎnmào　感冒

tù　吐

ěxin　恶心

tóuténg　头疼

xièdù　泻肚

yáténg　牙疼

késou　咳嗽

fāyán　发炎

shǔyì　鼠疫

huòluàn　霍乱

shānghán　伤寒

fèibìng　肺病

chuánrǎnbìng　传染病

tiānhuā　天花

mázhěn　麻疹

jīngshénbìng　精神病

lóngzi　聋子

xiāzi　瞎子

shǎzi　傻子

tūzi　秃子

yǎba　哑巴

báihóu　白喉

chuāng　疮

bā　疤

chángyán　肠炎

nǎoyán　脑炎

shāyǎn　砂眼

wèibìng　胃病

xiāohuà bùliáng　消化不良

xuèyāgāo　血压高

shénjīng shuāiruò　神经衰弱

（4）Wèishēng Hé Yīliáo
卫生和医疗

yùfáng　预防

xiāodú　消毒

jiǎnchá shēntǐ　检查身体

tòushì　透视

nèikē　内科

wàikē　外科

yákē　牙科

yǎnkē　眼科

ěr-bí-hóukē　耳鼻喉科

shénjīngkē　神经科

fùkē　妇科

fàngshèkē　放射科

hùshi　护士

bìngrén　病人

shāngyuán　伤员

yīyuàn　医院

liáoyǎngyuàn　疗养院

xiūyǎngsuǒ　休养所

zhěnliáosuǒ　诊疗所

yàofáng　药房

yào　药

yàoshuǐ　药水

yàopiàn　药片

bēngdài　绷带

shābù　纱布

yàomiánhua　药棉花

zhùshè　注射

jiǔjīng　酒精

diǎnjiǔ　碘酒

tǐwēnbiǎo　体温表

xiàngpígāo　橡皮膏

shǒushù　手术

shǒushùshì　手术室

zǔzhiliáofǎ　组织疗法

（5）Gǎnjué、Gǎnqíng Hé Shēntǐ
　　Shang De Biànhuà
　感觉、感情和身体上的变化

bǎo　饱

è　饿

kě　渴

kuàihuo　快活

kuàilè　快乐

gāoxìng　高兴

xǐhuan　喜欢

yúkuài　愉快

tòngkuai　痛快

shūfu　舒服

fàngxīn　放心

nánguò　难过

shāngxīn　伤心

bēi'āi　悲哀

tòngkǔ　痛苦

zháojí　着急

shēngqì　生气

fāchóu　发愁

yōuchóu　忧愁

shīwàng　失望

hàipà　害怕

kǒngjù　恐惧

hòuhuǐ　后悔

fánzào　烦躁

niánqīng　年轻

lǎo　老

niánlǎo　年老

qiángzhuàng　强壮

jiànkāng　健康

shuāiruò　衰弱

lèi　累

pífá　疲乏

xǐng　醒

huó　活

yǒu bìng　有病

shēngbìng　生病

sǐ　死

sǐwáng　死亡

（6）Rén De Zhuàngtài Hé Pǐnzhì
　　人的状态和品质

měilì　美丽

hǎokàn　好看

piàoliang　漂亮

kě'ài　可爱

huópo　活泼

gōngpíng　公平

xūxīn　虚心

chéngshí　诚实

chéngkěn　诚恳

lǎoshi　老实

zhōngshí　忠实

zhèngzhí　正直

wángù　顽固

jiǎohuá　狡猾

lìhai　厉害

cōngming　聪明

shǎ　傻

bèn　笨

míngbai　明白

hútu　糊涂

mǎhu　马虎

yǒnggǎn　勇敢

yīngyǒng　英勇

dǎndà　胆大

dǎnxiǎo　胆小

qín　勤

qínjiǎn　勤俭

qínláo　勤劳

lǎn　懒

lǎnduò　懒惰

gāoguì　高贵

chúnjié　纯洁

shànliáng　善良

yōuliáng　优良

bēibǐ　卑鄙

èliè　恶劣

tānwū　贪污

xiànmù　羡慕

jídù　嫉妒

cánkuì　惭愧

hàixiū　害羞

fènhèn　愤恨

yǒu nàixīn　有耐心

tāshi　踏实

cūxīn　粗心

jízào　急躁

cánkù　残酷

yěmán　野蛮

kěhèn　可恨

kěwù　可恶

jiāo'ào　骄傲

（7）Qīnshǔ Guānxi　亲属关系

bàba　爸爸

fùqin　父亲

māma　妈妈

mǔqin　母亲

zǔfù　祖父

zǔmǔ　祖母

wàizǔfù　外祖父

wàizǔmǔ　外祖母

érzi　儿子

nǚ'er　女儿

sūnzi　孙子

bófù　伯父

bómǔ　伯母

shūshu　叔叔

shūfù　叔父

shūmǔ　叔母

shěnmǔ　婶母

gūgu　姑姑

gūfù　姑父

jiùjiu　舅舅

jiùmǔ　舅母

gēge　哥哥

dídi　弟弟

jiějie　姐姐

mèimei　妹妹

àiren　爱人

yuèfù　岳父

yuèmǔ　岳母

péngyou　朋友

shúrén　熟人

shēngrén　生人

kèren　客人

xiānsheng　先生

xuésheng　学生

tóngxué　同学

tóngshì　同事

línjū　邻居

jiāshǔ　家属

（8）Shēngfen Hé Zhíyè
　　身分和职业

xìngmíng　姓名

jíguàn　籍贯

niánlíng　年龄

zhùzhǐ　住址

chūshēn　出身

chéngfèn　成份

nánrén　男人

nǚrén　女人

chéngrén　成人

xiǎoháizi　小孩子

xiǎoháir　小孩儿

értóng　儿童

shàonián　少年

qīngnián　青年

lǎonián　老年

fùnǚ　妇女

gōngrén　工人

nóngmín　农民

jūnrén　军人

zhīshifènzǐ　知识分子

zuòjiā　作家

jiàoshī　教师

jiàoyuán　教员

yīshēng　医生

dàifu　大夫

jiàngguān　将官

shìbīng　士兵

jǐngchá　警察

shāngrén　商人

kuànggōng　矿工

chǎnyè gōngrén　产业工人

gōngwù rényuán　公务人员

jìshùyuán　技术员

gōngchéngshī 工程师

yánjiūyuán 研究员

jìgōng 技工

shòuhuòyuán 售货员

fúwùyuán 服务员

sījī 司机

tóngzhì 同志

gànbù 干部

zhíyuán 职员

xuānchuányuán 宣传员

tōngxùnyuán 通讯员

láodòng mófàn 劳动模范

yīngxióng 英雄

gōngchén 功臣

（9）Shìwù De Xìngzhì
事物的性质

dà 大

xiǎo 小

cháng 长

duǎn 短

kuān 宽

zhǎi 窄

gāo 高

dī 低

ǎi 矮

hòu 厚

báo 薄

biǎn 扁

pàng 胖

féi 肥

shòu 瘦

cū 粗

xì 细

tū 秃

jiān 尖

kuài 快

dùn 钝

shēn 深

qiǎn 浅

zhòng 重

qīng 轻

mǎn 满

kōng 空

zhí 直

wān 弯

píng 平

zhèng 正

zhǔn 准

fǎn 反

xié	斜	gānzào	干燥
wāi	歪	shī	湿
fāng	方	cháoshī	潮湿
yuán	圆	rè	热
héng	横	tàng	烫
shù	竖	nuǎnhuo	暖和
hóng	红	wēnhé	温和
huáng	黄	liáng	凉
lǜ	绿	lěng	冷
qīng	青	tián	甜
lán	蓝	suān	酸
zǐ	紫	kǔ	苦
hēi	黑	là	辣
huī	灰	xián	咸
bái	白	nóng	浓
liàng	亮	dàn	淡
xiǎng	响	xiāng	香
yìng	硬	chòu	臭
ruǎn	软	shēng	生
huá	滑	shóu	熟
jǐn	紧	yǒudú	有毒
sōng	松	gānjing	干净
jiānyìng	坚硬	zāng	脏
jiāngù	坚固	xīnxian	新鲜
gān	干	xīn	新

jiù　旧

pò　破

suì　碎

qīngjié　清洁

zhēn　真

jiǎ　假

hǎo　好

bùcuò　不错

huài　坏

guì　贵

jiàn　贱

piányi　便宜

xìngfú　幸福

fēngfù　丰富

fùqiáng　富强

fùyù　富裕

màoshèng　茂盛

fánróng　繁荣

xiānjìn　先进

jìnbù　进步

yōuliáng　优良

jiānqiáng　坚强

zhuàngdà　壮大

jiānjù　艰巨

jiānkǔ　艰苦

sǎnmàn　散漫

luòhòu　落后

pínkùn　贫困

jùtǐ　具体

zìyóu　自由

mínzhǔ　民主

píngděng　平等

pǔtōng　普通

zhèngcháng　正常

zhèngshì　正式

hòubǔ　候补

zhíjiē　直接

jiànjiē　间接

ānquán　安全

jīběn　基本

guǎngdà　广大

hóngwěi　宏伟

kuāndà　宽大

kuānguǎng　宽广

guǎngkuò　广阔

zhōngxīn　中心

zhōngyāng　中央

duì　对

bùduì　不对

cuò　错

yíyàng　一样

liǎngyàng　两样

bùtóng　不同

kěxī　可惜

qīngchu　清楚

míngquè　明确

luàn　乱

hùnluàn　混乱

máfan　麻烦

shěng　省

róngyi　容易

nán　难

shěngshì　省事

fèi　费

fèishì　费事

rènao　热闹

yàojǐn　要紧

bùyàojǐn　不要紧

qíguài　奇怪

yǒuqù　有趣

qiǎomiào　巧妙

wēixiǎn　危险

kàobuzhù　靠不住

bùkěkào　不可靠

jījí　积极

rèliè　热烈

jiānruì　尖锐

pòqiè　迫切

chèdǐ　彻底

rènzhēn　认真

chāo'é　超额

shùnlì　顺利

pǔbiàn　普遍

yīzhì　一致

gùyì　故意

suíbiàn　随便

（10）Pǔtōng Míngcí　普通名词

róngyù　荣誉

zuòfēng　作风

xíngwéi　行为

xíngdòng　行动

tàidu　态度

gǎnqíng　感情

jīngshén　精神

kǒuhào　口号

xuānyán　宣言

zhǔzhāng　主张

gǎnxiǎng　感想

jiànjiě　见解

yìjiàn　意见

yìzhì　意志

tímù　题目

jìhaor　记号儿

yàngzi　样子

xíngzhuàng　形状

qíngxíng　情形

xíngshì　形势

xíngshì　形式

nèiróng　内容

lǐlùn　理论

shíjiàn　实践

yuánzé　原则

lǐyóu　理由

zhēnlǐ　真理

dàolù　道路

qìwèi　气味

shēngyīn　声音

yánsè　颜色

chǐcun　尺寸

zhìliàng　质量

xìngqing　性情

xìngqù　兴趣

píqi　脾气

xìngmìng　性命

lǐmào　礼貌

shìqing　事情

dōngxi　东西

dìfang　地方

dānwèi　单位

zhǒnglèi　种类

shùmu　数目

shùliàng　数量

fènliàng　分量

chéngdu　程度

shuǐpíng　水平

dàgāng　大纲

cìxu　次序

bùfen　部分

wèizhi　位置

dìwèi　地位

guānxi　关系

zhīshi　知识

chángshí　常识

jìshù　技术

nénglì　能力

yèwù　业务

lìqi　力气

lìliang　力量

shénghuó　生活

yúlè　娱乐

fúlì　福利

lìyì　利益

huánjìng　环境

wèntí　问题

tiáojiàn　条件

lìchǎng　立场

guāndiǎn　观点

fāngfǎ　方法

fāngshì　方式

bànfǎ　办法

guīlǜ　规律

xìtǒng　系统

tǐxì　体系

cuòwù　错误

wùhuì　误会

piānxiàng　偏向

piānchā　偏差

biāozhǔn　标准

diǎnxíng　典型

bǎngyàng　榜样

fāngzhēn　方针

jìhuà　计划

bùzhòu　步骤

jīngyàn　经验

xiàoguǒ　效果

hòuguǒ　后果

shōuhuò　收获

xiàolǜ　效率

chéngjiù　成就

qíngkuàng　情况

qíngxù　情绪

juéwù　觉悟

máodùn　矛盾

zérèn　责任

jìlù　纪录

qiàoménr　窍门儿

gāocháo　高潮

jīchǔ　基础

gōngzuò　工作

gǎngwèi　岗位

jīguān　机关

bùmén　部门

jítuán　集团

tuántǐ　团体

zōngjiào　宗教

xìnyǎng　信仰

fēngsú　风俗

xíguàn　习惯

gōngyuē　公约

zhìdù　制度

yìnxiàng　印象

yīnmóu　阴谋

shídài　时代

xiāoxi　消息

第四部分

（1）Sīxiǎng Hé Yǔyán
　　思想和语言

xiǎng　想

cāi　猜

dǎsuàn　打算

liúxīn　留心

huáiyí　怀疑

rèn　认

rènshi　认识

rènde　认得

wàng　忘

wàngjì　忘记

jì　记

jìzhu　记住

míngbai　明白

zhīdao　知道

dǒngde　懂得

juéde　觉得

juédìng　决定

xìn　信

xiāngxìn　相信

yǐwéi　以为

dàngzuò　当作

shuō　说

shuōhuà　说话

jiǎng　讲

jiǎnghuà　讲话

shuō pǔtōnghuà　说普通话

fāyán　发言

tán　谈

tántiān　谈天

niàn shū　念书

bèi shū　背书

jiào　叫

wèn　问

dá　答

huídá　回答

gàosu　告诉

chéngrèn　承认

mà　骂

（2）Gèzhǒng Dòngzuò Hé

Huódòng

各种动作和活动

kàn　看

kànjian　看见

tīng　听

tīngjian　听见

chàng　唱

xiào　笑

kū　哭

hǎn　喊

dòng　动

lái　来

qù　去

shànglai　上来

shàngqu　上去

xiàlai　下来

xiàqu　下去

jìn　进

jìnlai　进来

jìnqu　进去

zuò　坐

qǐlai　起来

zuòxia　坐下

zhàn　站

zhàn qilai　站起来

zhànzhu　站住

zhuǎn　转

zhuàn　转

yù　遇

dǎo　倒

tiào　跳

pǎo　跑

fādǒu　发抖

dǎgǔnr　打滚儿

táo　逃

zhuī　追

gǎn　赶

zhuīgǎn　追赶

pá　爬

cáng　藏

duǒ　躲

duǒkai　躲开

tuì　退

dūnzhe　蹲着

kuà guoqu　跨过去

tǎngxia　躺下

zuān　钻

zǒu　走

wǎng　往

dào 到	dǎhāqian 打哈欠
huíjiā 回家	táitóu 抬头
huíqu 回去	ná 拿
huílai 回来	qǔ 取
diào xialai 掉下来	bān 搬
shēn 伸	tuī 推
yònglì 用力	jǔ 举
xiē 歇	lā 拉
xiūxi 休息	chōu 抽
shēng 生	zhuō 捉
chī 吃	zhuōzhu 捉住
yǎo 咬	tiāo 挑
jiáo 嚼	tái 抬
cháng 尝	káng 扛
hē 喝	tuō 托
yàn 咽	bá 拔
tūn 吞	zhuāng 装
xī 吸	chéng 盛
xīyān 吸烟	chéng fàn 盛饭
chōuyān 抽烟	duān 端
chuī 吹	pěng 捧
zhēngkai yǎnjing 睁开眼睛	dào shuǐ 倒水
bìshang yǎnjing 闭上眼睛	pō shuǐ 泼水
shuìjiào 睡觉	pēn shuǐ 喷水
zhǎyǎn 眨眼	sǎ shuǐ 洒水

diū　丢

pāo　抛

chuān　穿

tuō　脱

dài　戴

zhāixia　摘下

xiān　掀

yáohuang　摇晃

gē　搁

fàng　放

guà　挂

bào　抱

lāo　捞

jiǎn qilai　捡起来

shí qilai　拾起来

dài　带

pū　铺

nòng　弄

mō　摸

bāo　剥

zhuā　抓

dǎ　打

qiāo　敲

pāi　拍

pāiqiú　拍球

tán　弹

tánqín　弹琴

mó　摩

bāo qilai　包起来

kǔn　捆

jiěkai　解开

tiē　贴

àn　按

kào　靠

kāi　开

guān　关

fēng　封

wéi　围

xǐ　洗

shuā　刷

sǎodì　扫地

dǎsǎo　打扫

cā　擦

yā　压

qí　骑

qímǎ　骑马

chāi　拆

niǔ　扭

jiǎn　剪

qiē　切

juǎn　卷

pèng　碰

zhuàng　撞

diǎn　点

diǎn huǒ　点火

zhào　照

jiē　接

mái　埋

gàishang　盖上

shài　晒

liàng　晾

zuò　做

zuòshì　做事

gōngzuò　工作

bàn　办

yùbèi　预备

zhěnglǐ　整理

shìshi　试试

fēn　分

fēnkai　分开

gěi　给

jiā　加

tiān　添

jiè　借

cún　存

liú　留

shǒu　守

shèng　剩

qiàn　欠

péi　赔

huán　还

sòng　送

zhǎo　找

xuǎn　选

xuǎnzé　选择

yòng　用

shǐ　使

nònghǎo　弄好

nònghuài　弄坏

páiduì　排队

shōushi　收拾

xiūlǐ　修理

bǔ　补

gǎi　改

mǎi　买

mài　卖

shōu　收

dé　得

jiǎnchá　检查

liàn　练

liànxí　练习

shǔ　数

chēng　称

xiě　写

chāo　抄

jì　记

biān　编

yìn　印

huà　画

kè　刻

zhǔfàn　煮饭

chǎocài　炒菜

kǎoròu　烤肉

xǐzǎo　洗澡

kāifàn　开饭

wánr　玩儿

huáchuán　划船

jiéhūn　结婚

xuéxí　学习

gēngtián　耕田

zhòngdì　种地

féng　缝

cái　裁

xiù　绣

bānjiā　搬家

lǚxíng　旅行

fǎngshā　纺纱

zhībù　织布

zuògōng　做工

láodòng　劳动

shēngchǎn　生产

lǐfà　理发

guāliǎn　刮脸

kàndiànyǐngr　看电影儿

tiàowǔ　跳舞

chànggē　唱歌

huábīng　滑冰

liūbīng　溜冰

yóuyǒng　游泳

sàipǎo　赛跑

dǎqiú　打球

（3）Gèzhǒng Xíngwéi
　　　各种行为

gémìng　革命

jiěfàng　解放

bǎowèi　保卫

mìnglìng　命令

zhǐshì　指示

zhǐdǎo　指导

quèdìng　确定

hàozhào　号召

dòngyuán　动员

fādòng　发动

dàidòng　带动

yùnniàng　酝酿

zhàojí　召集

bùzhì　布置

zhǎngwò　掌握

zhuājǐn　抓紧

dānfù　担负

yùnyòng　运用

shǐyòng　使用

jiūzhèng　纠正

niǔzhuǎn　扭转

shuōfú　说服

yǐngxiǎng　影响

jiānchí　坚持

wéichí　维持

huīfù　恢复

kāizhǎn　开展

jiànshè　建设

jiànlì　建立

fāxiàn　发现

fāhuī　发挥

fābiǎo　发表

qǐfā　启发

jiāoliú　交流

jiāohuàn　交换

xiéshāng　协商

liánxì　联系

jiéhé　结合

cānguān　参观

jǔxíng　举行

zhíxíng　执行

jìnxíng　进行

jiéshù　结束

tíngzhǐ　停止

kāimù　开幕

bìmù　闭幕

guànchè　贯彻

shíxiàn　实现

fèndòu　奋斗

dòuzhēng　斗争

fúcóng　服从

zūnshǒu　遵守

tuīxíng　推行

fāqǐ　发起

tuīguǎng　推广

pǔjí　普及

shēnrù　深入

tuánjié　团结

hùzhù　互助

tígāo　提高

jiāqiáng　加强

jiājǐn　加紧

gǎishàn　改善

tiáozhěng　调整

péiyǎng　培养

àihù　爱护

tíchàng　提倡

zhīchí　支持

yuánzhù　援助

xiézhù　协助

chǔlǐ　处理

jiějué　解决

zhòngshì　重视

zhùyì　注意

tóngyì　同意

tóngqíng　同情

gǎndòng　感动

zànchéng　赞成

kěndìng　肯定

fǒudìng　否定

jùjué　拒绝

jiěshì　解释

pīpíng　批评

jiǎntǎo　检讨

biǎoyáng　表扬

jiǎnglì　奖励

gǔlì　鼓励

gǔzhǎng　鼓掌

qìngzhù　庆祝

qìnghè　庆贺

chuàngzào　创造

fāmíng　发明

zuānyán　钻研

diàochá　调查

yánjiū　研究

gēnjù　根据

gūjì　估计

fēnxī　分析

pīpàn　批判

tǐhuì　体会

cānjiā　参加

xuǎnjǔ　选举

xiǎngyìng　响应

yōnghù　拥护

rè'ài　热爱

kàolǒng　靠拢

yīkào　依靠

biǎoxiàn　表现

fúwù　服务

zhēngqǔ　争取

bǎozhèng　保证

zhèngmíng　证明

kèfú　克服

duànliàn　锻炼

xùnliàn　训练

shìyàn　试验

juānxiàn　捐献

xiànlǐ　献礼

gòngxiàn　贡献

gōngjǐ　供给

fǎnyìng　反映

jiànyì　建议

zǒngjié　总结

huìbào　汇报

chūfā　出发

tōngguò　通过

chāoguò　超过

bǐsài　比赛

dádào　达到

màijìn　迈进

qǔdé　取得

dēngjì　登记

qiānmíng　签名

qiānzì　签字

zhǔnbèi　准备

chōngshí　充实

bǔchōng　补充

pèihé　配合

jiéyuē　节约

xiāohào　消耗

sǔnshī　损失

sǔnhuài　损坏

péicháng　赔偿

dǎjī　打击

fěnsuì　粉碎

bìmiǎn　避免

táobì　逃避

fàngqì　放弃

jìnzhǐ　禁止

fǎnduì　反对

duìlì　对立

wéibèi　违背

chōngtu　冲突

tuōlí　脱离

tuōyán　拖延

diàoduì　掉队

bāobàn　包办

dàitì　代替

yǐnmán　隐瞒

dòngyáo　动摇

wāiqū　歪曲

gōujié　勾结

pòhuài　破坏

wēixié　威胁

yāpò　压迫

bōxuē　剥削

kòngsù　控诉

jiǎnjǔ　检举

jǐngtì　警惕

xiāomiè　消灭

tuīfān　推翻

rènshi　认识

bāngmáng　帮忙

bāngzhù　帮助

yuánzhù　援助

guàniàn　挂念

gǎnxiè　感谢

yāoqǐng　邀请

zūnjìng　尊敬

gōngjìng　恭敬

zhìjìng　致敬

wòshǒu　握手

jièshào　介绍

fǎngwèn　访问

bàifǎng　拜访

pèifu　佩服

gǎnjī　感激

zhāodài　招待

xìnrèn　信任

pànwàng　盼望

děng　等

děnghòu　等候

zhàogu　照顾

qǐng　请

cuī　催

pài　派

pàiqiǎn　派遣

yāoqiú　要求

qǐngqiú　请求

jiào　叫

ràng　让

zhǔnxǔ　准许

yǐnqǐ　引起

gù　雇

gēn　跟

péi　陪

lǐng　领

tì　替

guǎn　管

jiù　救

jiùhù　救护

quàn　劝

quànjiě　劝解

quàngào　劝告

liàngjiě　谅解

shòuyǔ　授予

ānwèi　安慰

cíxíng　辞行

huānyíng　欢迎

huānsòng　欢送

yíngjiē　迎接

sòng　送

sòngxíng　送行

dūcù　督促

jiǎzhuāng　假装

fūyǎn　敷衍

wǔrǔ　侮辱

gānshè　干涉

chǔfá　处罚

chéngfá　惩罚

dàibǔ　逮捕

qiǎngpò　强迫

bīpò　逼迫

qíshì　歧视

tǎoyàn　讨厌

chóuhèn　仇恨

yuànhèn　怨恨

qīpiàn　欺骗

（4）Shìwù De Fāzhǎn Biànhuà
事物的发展变化

kāishǐ　开始

fāshēng　发生

shēngzhǎng　生长

fāzhǎn　发展

biànhuà　变化

yǎnbiàn　演变

biànchéng　变成

zhuǎnbiàn　转变

shībài　失败

xiāoshī　消失

shuāiwáng　衰亡

suōxiǎo　缩小

zēngjiā　增加

chénggōng　成功

shènglì　胜利

kuǎtái　垮台

第五部分

（1）Guójiā　国家

Zhōnghuá Rénmín Gònghéguó
　中华人民共和国

rénmín mínzhǔ guójiā
　人民民主国家

běnguó　本国

wàiguó　外国

guójì　国际

zǔguó　祖国

guóqí　国旗

guóhuī　国徽

guógē　国歌

lǐngtǔ　领土

zhǔquán　主权

tǒngyī　统一

dúlì　独立

zhǒngzú　种族

mínzú　民族

shǎoshù mínzú　少数民族

rénmín　人民

qúnzhòng　群众

lǐngxiù　领袖

zhǔxí　主席

zhèngfǔ　政府

Quánguó Rénmín Dàibiǎo Dàhuì
　全国人民代表大会

Quánguó Rénmín Zhèngzhì
　Xiéshāng Huìyì
　全国人民政治协商会议

Guówùyuàn　国务院

guówù huìyì　国务会议

Rénmín Fǎyuàn　人民法院

Rénmín Jiǎncháyuàn
　人民检察院

Guójiā Jìhuà Wěiyuánhuì
　国家计划委员会

Guójiā Jiàoyù Wěiyuánhuì
　国家教育委员会

Mínzú Shìwù Wěiyuánhuì
　民族事务委员会

Huáqiáo Shìwù Wěiyuánhuì
　华侨事务委员会

Zhōngguó Kēxuéyuàn
　中国科学院

Zhōngyāng Rénmín Guǎngbō
　Diàntái　中央人民广播电台

Zhōngyāng Diànshìtái

　中央电视台

Hégōngyèbù　核工业部

Jīxiè Gōngyèbù　机械工业部

Fǎngzhī Gōngyèbù　纺织工业部

Dìzhì Kuàngchǎnbù

　地质矿产部

Jiànshèbù　建设部

Nóngyèbù　农业部

Línyèbù　林业部

Shuǐlì Diànlìbù　水利电力部

Tiědàobù　铁道部

Jiāotōngbù　交通部

Yóudiànbù　邮电部

Duìwài màoyìbù　对外贸易部

Rénshìbù　人事部

Láodòngbù　劳动部

Guófángbù　国防部

Wàijiāobù　外交部

Wénhuàbù　文化部

Xuānchuánbù　宣传部

zǒnglǐ　总理

fùzǒnglǐ　副总理

zhǔrèn　主任

bùzhǎng　部长

mìshūzhǎng　秘书长

mìshū　秘书

wěiyuán　委员

chùzhǎng　处长

kēzhǎng　科长

kēyuán　科员

kuàijì　会计

xíngzhèng rényuán　行政人员

dàshǐ　大使

dìfāng zhèngfǔ　地方政府

shěng　省

zìzhìqū　自治区

zhíxiáshì　直辖市

xiàn　县

chéngshì　城市

xiāngcūn　乡村

qū　区

xiāng　乡

zhèn　镇

cūn　村

（2）Guómíng Hé Dìmíng

　　国名和地名

Éluósī　俄罗斯

Cháoxiǎn　朝鲜

Hánguó　韩国

Yuènán　越南

Měnggǔ　蒙古

Bōlán　波兰

Luómǎníyà　罗马尼亚

Bǎojiālìyà　保加利亚

Xiōngyálì　匈牙利

Déguó　德国

Fēnlán　芬兰

Āijí　埃及

Yìndù　印度

Yìndùníxīyà　印度尼西亚

Miǎndiàn　缅甸

Nibó'ěr　尼泊尔

Rìběn　日本

Fǎguó　法国

Yīngguó　英国

Měiguó　美国

Xīnjiāng　新疆

Xīzàng　西藏

Běijīng　北京

shǒudū　首都

Nánjīng　南京

Shànghǎi　上海

Xī'ān　西安

Lánzhōu　兰州

Wūlǔmùqí　乌鲁木齐

Lāsà　拉萨

Tiānjīn　天津

Jǐnán　济南

Shíjiāzhuāng　石家庄

Tàiyuán　太原

Zhèngzhōu　郑州

Luòyáng　洛阳

Shěnyáng　沈阳

Chángchūn　长春

Ānshān　鞍山

Hā'ěrbīn　哈尔滨

Wǔhàn　武汉

Chángshā　长沙

Guǎngzhōu　广州

Nánníng　南宁

Guìyáng　贵阳

Kūnmíng　昆明

Fúzhōu　福州

Xiàmén　厦门

Hǎinándǎo　海南岛

Shēnzhèn　深圳

Táiwān　台湾

Xiānggǎng　香港

Àomen　澳门

Mòsīkē　莫斯科

Píngrǎng　平壤

Hénèi　河内

Wūlánbātuō　乌兰巴托

Huáshā　华沙

Bólín　柏林

Kāiluó　开罗

Xīn–Délǐ　新德里

Yǎngguāng　仰光

Yájiādá　雅加达

Rìnèiwǎ　日内瓦

Lúndūn　伦敦

Bālí　巴黎

Dōngjīng　东京

Huáshèngdùn　华盛顿

（3）Zhèngzhì　政治

zhèngzhì　政治

zhèngquán　政权

zhèngcè　政策

Zhōngguó Gòngchǎndǎng　中国
共产党

mínzhǔ dǎngpài　民主党派

rénmín tuántǐ　人民团体

shèhuìzhǔyì　社会主义

àiguózhǔyì　爱国主义

gōngmín　公民

quánlì　权利

yìwù　义务

quánxiàn　权限

xuǎnjǔquán　选举权

bèixuǎnjǔquán　被选举权

lìfǎquán　立法权

bàmiǎnquán　罢免权

jìchéngquán　继承权

suǒyǒuquán　所有权

dàibiǎo　代表

quánquándàibiǎo　全权代表

rénxuǎn　人选

míng'é　名额

zhíquán　职权

zhíwèi　职位

rènqī　任期

tíyì　提议

jiànyì　建议

cuòshī　措施

fǎlìng　法令

juéyì　决议

zhǐshì　指示

fǎlǜ　法律

wàijiāo　外交

zhíxíng　执行

pīzhǔn　批准

shòuyǔ　授予

dìjié　缔结

tiáoyuē　条约

shěnchá　审查

jiāndū　监督

kāihuì　开会

bìhuì　闭会

zhǔxítuán　主席团

láibīn　来宾

wàijiāo shǐjié　外交使节

dàibiǎotuán　代表团

（4）Jīngjì　经济

guómín jīngjì　国民经济

jīngjì jiànshè　经济建设

gōngyè　工业

nóngyè　农业

shāngyè　商业

shǒugōngyè　手工业

xùmùyè　畜牧业

línyè　林业

yúyè　渔业

guóyíng shāngyè　国营商业

gètǐhù　个体户

chéngbāozhì　承包制

liánchǎn jìchóu zérènzhì

　联产计酬责任制

gōngyèhuà　工业化

diànqìhuà　电气化

zìdònghuà　自动化

jīxièhuà　机械化

xiàndàihuà　现代化

zhònggōngyè　重工业

qīnggōngyè　轻工业

diànlì gōngyè　电力工业

méikuàng gōngyè　煤矿工业

gāngtiě gōngyè　钢铁工业

jīnshǔ gōngyè　金属工业

fǎngzhī gōngyè　纺织工业

jīqì zhìzào gōngyè

　机器制造工业

dìzhì kāntàn　地质勘探

cǎikuàng　采矿

yějīn　冶金

liàngāng　炼钢

zàolín　造林

zhòngshù　种树

fánghóng　防洪

shuǐlì　水利

shuǐchǎn　水产

shuǐdiànzhàn　水电站

fādiànzhàn　发电站

hédiànzhàn　核电站

niàngjiǔ　酿酒

zhàyóu　榨油

zhìtáng　制糖

zàozhǐ　造纸

gōngchǎng　工厂

kuàngshān　矿山

shāngdiàn　商店

gōngsī　公司

yínháng　银行

qǐyè　企业

wùzī　物资

qìcái　器材

zīyuán　资源

zījīn　资金

zīběn　资本

cáizhèng　财政

jīnróng　金融

shōu–zhī　收支

zhīchū　支出

shōurù　收入

yùsuàn　预算

tǒngjì　统计

hésuàn　核算

tóuzī　投资

bōkuǎn　拨款

dàikuǎn　贷款

fùkuǎn　付款

dìnghuò　定货

màoyì　贸易

chūkǒu　出口

jìnkǒu　进口

shāngpǐn　商品

chǎnpǐn　产品

tǔchǎn　土产

shèbèi　设备

shèjì　设计

bùshǔ　部署

pèihé　配合

tiáozhěng　调整

fēnpèi　分配

pínghéng　平衡

jiéyuē　节约

xiāohào　消耗

xiāofèi　消费

jiāgōng　加工

zàojià　造价

chéngběn　成本

jiàzhí　价值

jiàgé　价格

shōuchéng　收成

chǎnliàng　产量

dìng'é　定额

hétong　合同

huòbì　货币

liútōng　流通

gòumǎi　购买

gōngyìng　供应

xiāoshòu　销售

língshòu　零售

pīfā　批发

shāngchǎng　商场

shìchǎng　市场

yóuzī　游资

chǔxù　储蓄

bǎoxiǎn　保险

xīnjīn　薪金

jīntiē　津贴

wàihuì　外汇

shēqiàn　赊欠

nà shuì　纳税

yànshōu　验收

shēngchǎnlì　生产力

shēngchǎnlǜ　生产率

（5）Jūnshì　军事

Zhōngguó Rénmín Jiěfàngjūn
　中国人民解放军

guófáng　国防

zǒngsīlìng　总司令

sīlìngyuán　司令员

zhǐhuīyuán　指挥员

yuánshuài　元帅

dàjiàng　大将

shàngjiàng　上将

jiāngjūn　将军

zhànshì　战士

lùjūn　陆军

kōngjūn　空军

hǎijūn　海军

tōngxùnyuán　通讯员

bùbīng　步兵

pàobīng　炮兵

qíbīng　骑兵

sǎnbīng　伞兵	dìxíng　地形
shàobīng　哨兵	mùbiāo　目标
gōngbīng　工兵	dānjià　担架
fēixíngyuán　飞行员	zhànháo　战壕
jūnshì　军事	yǎnhù　掩护
wǔqì　武器	fúlǔ　俘虏
wǔzhuāng　武装	shìfàng　释放
duìwu　队伍	dǐkàng　抵抗
cānjūn　参军	fǎngōng　反攻
dǎzhàng　打仗	chètuì　撤退
zuòzhàn　作战	dírén　敌人
zhēnchá　侦察	díqíng　敌情
gōngjī　攻击	jūnjiàn　军舰
fángshǒu　防守	héwǔqì　核武器
zhànlǐng　占领	dǎodàn　导弹
jiānmiè　歼灭	dàpào　大炮
hōngzhà　轰炸	gāoshèpào　高射炮
sǎoshè　扫射	huǒjiànpào　火箭炮
bàozhà　爆炸	tǎnkèchē　坦克车
shèjī　射击	fēijī　飞机
zhànxiàn　战线	zhíshēng fēijī　直升飞机
qiánxiàn　前线	bùqiāng　步枪
hòufāng　后方	zhàdàn　炸弹
zhèngdì　阵地	zhàyào　炸药
gōngshì　工事	dìléi　地雷

shǒuliúdàn　手榴弹

jiàngluòsǎn　降落伞

bǎolěi　堡垒

lièshì　烈士

qīnlüè　侵略

qiǎngduó　抢夺

wèiláo　慰劳

zhīyuán　支援

shāngyuán　伤员

xīshēng　牺牲

tóuxiáng　投降

jiǎoxiè　缴械

tíngzhàn　停战

jūnshǔ　军属

lièshǔ　烈属

（6）Jiāotōng Yùnshū　交通运输

jiāotōng　交通

yùnshū　运输

tiělù　铁路

hángkōng　航空

tiěqiáo　铁桥

tiěguǐ　铁轨

huǒchē　火车

qìchē　汽车

zìxíngchē　自行车

lúnchuán　轮船

yùnshūjī　运输机

kǎchē　卡车

mótuōchē　摩托车

diànchē　电车

zhuāngyùn　装运

kāichē　开车

tíngchē　停车

shàngchē　上车

xiàchē　下车

zuòchē　坐车

huànchē　换车

lǚkè　旅客

chēpiào　车票

zhàntáipiào　站台票

lièchē　列车

kèchē　客车

wòchē　卧车

cānchē　餐车

chēxiāng　车箱

zuòwèi　座位

ruǎnxí　软席

yìngxí　硬席

chēzhàn　车站

mǎtou　码头

gōnglù　公路

tiělù guǎnlǐjú　铁路管理局

wènshìchù　问事处

hòuchēshì　候车室

diànbào　电报

yóuzhèng　邮政

yóujú　邮局

jì xìn　寄信

yóupiào　邮票

huìpiào　汇票

kuàixìn　快信

guàhàoxìn　挂号信

hángkōngxìn　航空信

shōutiáor　收条儿

bāoguǒ　包裹

yóujiàn　邮件

yóufèi　邮费

（7）Wénhuà Jiàoyù　文化教育

wénhuà　文化

jiàoyù　教育

kēxuéyuàn　科学院

wénhuàgōng　文化宫

bówùyuàn　博物院

bówùguǎn　博物馆

gōngyuán　公园

yóuyǒngchí　游泳池

tǐyùchǎng　体育场

jùchǎng　剧场

diànyǐngyuàn　电影院

yīnyuètáng　音乐堂

jùlèbù　俱乐部

yùndònghuì　运动会

zhǎnlǎnhuì　展览会

gēchàngtuán　歌唱团

gējù　歌剧

huàjù　话剧

xìjù　戏剧

diànyǐngr　电影儿

huàndēng　幻灯

guǎngbō　广播

tōngxùn　通讯

bàoshè　报社

shèzhǎng　社长

biānjí　编辑

xīnwén jìzhě　新闻记者

xīnwén　新闻

bàozhǐ　报纸

huìyì　会议

zuòtánhuì　座谈会

màntán　漫谈

zázhì　杂志

shūdiàn　书店

yìnshuā　印刷

yìnshuāchǎng　印刷厂

chūbǎnshè　出版社

chūbǎn　出版

shūjí　书籍

fānyì　翻译

gǎozi　稿子

cǎogǎo　草稿

duànluò　段落

biāodiǎn fúhào　标点符号

gùshi　故事

wénjiàn　文件

chātú　插图

mànhuà　漫画

cídiǎn　辞典

zìdiǎn　字典

guàtú　挂图

xuéxiào　学校

dàxué　大学

xuéyuàn　学院

zōnghé dàxué　综合大学

shīfàn xuéxiào　师范学校

zhuānkē xuéxiào　专科学校

zhōngxué　中学

xiǎoxué　小学

yòu'éryuán　幼儿园

tuō'érsuǒ　托儿所

xiàozhǎngshì　校长室

jiàowùchù　教务处

bànshìchù　办事处

xuéshēnghuì　学生会

xiàozhǎng　校长

fùxiàozhǎng　副校长

zǒngwùzhǎng　总务长

jiàowùzhǎng　教务长

jiàoshòu　教授

fùjiàoshòu　副教授

jiǎngshī　讲师

zhùjiào　助教

jiàoyuán　教员

zhíyuán　职员

fūwùyuán　服务员

túshūguǎn　图书馆

yuèlǎnshì　阅览室

shíyànshì　实验室

jiàoshì　教室

sùshè 宿舍

bàomíng 报名

lùqǔ 录取

zhùcè 注册

bìyè zhèngshū 毕业证书

bǎozhèngshū 保证书

jièshàoxìn 介绍信

huīzhāng 徽章

shàng kè 上课

xiàkè 下课

fàng jià 放假

chūnjià 春假

shǔjià 暑假

hánjià 寒假

cèyàn 测验

kǎoshì 考试

chéngjì 成绩

chūxí 出席

quēxī 缺席

chídào 迟到

zǎotuì 早退

qǐngjià 请假

kuàngkè 旷课

shēngxué 升学

bìyè 毕业

xuéxí 学习

fùxí 复习

zìxí 自习

yùxí 预习

yuèdú 阅读

jiǎngyǎn 讲演

bàogào 报告

gōngkè 功课

kēmù 科目

zhéxué 哲学

kēxué 科学

wénxué 文学

yìshù 艺术

lìshǐ 历史

dìlǐ 地理

wùlǐ 物理

huàxué 化学

shēngwù 生物

Hànyǔ 汉语

zuòwén 作文

huìhuà 会话

yùndòng 运动

tǐyù 体育

yīnyuè 音乐

tǐcāo 体操

wényú huódòng　文娱活动

wǎngqiú　网球

lánqiú　篮球

zúqiú　足球

páiqiú　排球

pīngpāngqiú　乒乓球

wǎnhuì　晚会

wǔhuì　舞会

主要术语、人名、论著索引